Alan W. Watts

Was hält das Zeug

Alan W. Watts

Was hält das Zeug

Beziehungen zwischen Mensch und Materie

ZERO

Originaltitel: *Does it Matter?*

Vierbaumer Heide 82a, D-4134 Rheinberg 4

Übersetzung: Erika Ifang
Cover: Collage v. Rufus Camphausen
Gesetzt aus der Goudy Oldstyle
Satz: ZERO Photosatz
Druck: Schiborr KG, Mülheim/Ruhr
Printed in Germany
ISBN 3-922253-14-8

CIP-Kurztitelaufnahme der Deutschen Bibliothek

Watts, Alan
Was hält das Zeug : Beziehungen zwischen Mensch u. Materie / Alan W. Watts [Übers. Erika Ifang]. — Rheinberg : Zero, 1983.
Einheitssacht.: Does it matter? ⟨dt.⟩
ISBN 3-922253-14-8

Inhaltsverzeichnis

Robert B. Shapiro gewidmet

Vorwort

Dieses Buch enthält eine Reihe von Essays über die Beziehung des Menschen zur stofflichen Welt — der sogenannten Natur, der physischen Umgebung und der dinglichen Materie. Indem ich solche Worte verwende, wird mir sogleich klar, daß es sich dabei um philosophische, abstrakte Begriffe handelt; sie sind ebenso abstrakt wie die Vorstellung, daß die „Realität" im Grunde genommen etwas Geistiges oder Spirituelles sei. Ich versuche von etwas zu reden, von dem keine Rede sein kann, das Worte und andere Symbole nur repräsentieren. Alfred Korzybski nannte das die nichtverbale oder (mit schöner Doppelsinnigkeit) „unaussprechliche" Welt.

Die Wirklichkeit ist natürlich weder Materie noch Geist. Sie ist kein Begriff, sondern etwas Begreifbares, und jeder weiß, was sie ist, ebenso wie jeder zu atmen versteht, ohne auch nur die geringste Ahnung von Physiologie zu haben. Als man den heiligen Augustinus einst fragte, was das Wesen der Zeit sei, sagte er: „Ich weiß, was es ist, aber wenn du mich fragst, weiß ich es nicht." Sagen wir (wenn man ein Buch schreibt, *muß* man etwas sagen), die Realität oder Existenz ist ein multidimensionales, verwobenes System aus verschiedensten Schwingungsspektren, und die fünf Sinne des Menschen vermögen nur eine ganz geringe Bandbreite dieser Spektren zu erfassen. Das klingt sehr tiefsinnig und ergibt doch nur einen Sinn, wenn man beim Lesen auch auf den Klang der Worte achtet und nicht allein auf ihre Bedeutung. Dann erst wird deutlich, was ich meine.

Ich will also auf das aufmerksam machen, was gerade geschieht, und das hat im Grunde nichts gemein mit seiner Beschreibung, in Worten, Zahlen und sonstigen Symbolen. Die Zivilisation, ob westlich oder östlich, krankt daran, daß man des Guten zuviel tut: Wir verwechseln das erstaunliche Beschreibenkönnen mit dem tatsächlichen Geschehen, die etikettierte, klassifizierte Welt mit der Welt an sich. Wenn ich andauernd rede, bin ich nicht offen für das, was jemand anders zu sagen hat. Und wenn ich dauernd denke (oder mit mir selbst rede), kann ich über nichts anderes nachdenken als über Gedanken. Immer weniger nehme ich die Welt zur Kenntnis, dieses System von Schwingungen, das Worte und Gedanken nur repräsentieren.

Ich bin kein Anti-Intellektueller. Schließlich lebe ich ja vom Handwerk des Wortes. Aber wenn wir in eine Situation geraten, wo es nur noch Gedanken über das Denken und Bücher über andere Bücher gibt, geht unserer Verstandesmühle das Wasser aus. Aus diesem Grunde kommt mir auch ein Großteil der gegenwärtigen intellektuellen, philosophischen und wissenschaftlichen Abhandlungen immer absurder vor. Sie sind der Versuch, ein nichtlineares, multidimensionales Schwingungssystem in ein lineares (alphabetisches oder mathematisches) Symbolsystem zu übertragen, und das geht einfach nicht. Das ist so, als wollte man den Atlantischen Ozean mit einem Bierkrug in den Pazifik schöpfen: ein aussichtsloses Unterfangen, auch wenn man Automation und Kybernetik zu Hilfe nimmt.

Vor nicht allzulanger Zeit hat einmal ein Professor der Harvard-Universität — im Zusammenhang mit dem Skandal um Timothy Leary und bewußtseinserweiternde Drogen — gesagt, Wissen, das nicht in Worte gefaßt werden könne, sei auf intellektueller und wissenschaftlicher Ebene nicht akzeptabel. Da bleibt von den Fächern Musik und Kunst, Tanz und Sport nicht viel übrig! Warum wollen gebildete, zivilisierte Menschen nicht begreifen, daß ihr Kopf viel schlauer ist als ihr Verstand und daß der „Verstand" nichts weiter als das Gesamtsystem verbaler, mathematischer und begrifflicher Regeln ist, durch das wir Information weiterleiten und speichern? Neurologen sind sich einig darüber, daß ihre Wissenschaft bei weitem nicht ausreicht, um alle Funktionen des Nervensystems zu erfassen. Mit anderen Worten: Das Gehirn ist viel komplizierter, als es unser kodiertes, lineares Informationssystem darstellen kann. Ein gutausgebildeter Organist kann beispielsweise vier verschiedene Rhythmen oder Melodien gleichzeitig wiedergeben — je eine mit jeder Hand und jedem Fuß —, aber selbst hochintelligente Menschen können nicht mit fünf, sechs oder sieben Variablen gleichzeitig arbeiten. Das Nervensystem hingegen berücksichtigt bei seiner Regelung der Körperfunktionen Tausende von Variablen gleichzeitig, und das Gehirn funktioniert, ohne über sich selbst nachdenken zu müssen.

Ein Maler malt, ein Tänzer tanzt, ein Tormann fängt den Ball, ohne erklären zu können, *wie* er es macht. Sie alle nutzen ihr Gehirn und nicht etwa ihren Verstand. Man betrachte einmal den Unterschied zwischen indischer und klassischer westlicher Musik. Wir haben ein Notensystem, das uns auf die Zwölftonleiter beschränkt und auf ganze und halbe Noten, Viertel, Achtel, Sechzehntel und Zweiunddreißigstel, die mittels Punktierung um jeweils die Hälfte ihres Wertes verlängert werden können. Unsere Musiktradition ist, da sie durch Noten überliefert wird, im wesentlichen *literarisch*, und all ihre Werke — selbst die sentimentalsten Liebeslieder — klingen in den Ohren der Orientalen wie Militärmärsche. Inder benutzen Noten lediglich als Erinnerungshilfen für bestimmte Themen. Sie lernen ein Musikstück, indem sie dem Vortrag des Lehrers folgen und das subtile Wechselspiel zwischen Nerven, Muskeln und Instrument nachvollziehen — was in der indischen Musik zu ekstatischen Momenten führt, die selbst Gott durch Mark und Bein gehen.

In diesen Essays will ich also klarmachen, daß zivilisierte Menschen, ob Westler oder Orientalen, vom Bann ihrer Symbolisierungssysteme freikommen müssen, um die lebendigen Schwingungen der wirklichen Welt wieder stärker wahrzunehmen. Weil uns diese Wahrnehmung fehlt, sind unser Bewußtsein und Gewissen völlig verhärtet gegenüber solchen alltäglichen Greueltaten wie dem Verbrennen von Kindern mit Napalm, dem Ausbomben von fruchtbarer Erde samt all ihren Pflanzen, Wildtieren und Insekten (Menschen gar nicht zu erwähnen) und der Herstellung atomarer und chemischer Waffen, wobei letztere nicht nur das Problem aufwerfen, wie ihre Anwendung verhütet werden kann, sondern mehr noch, wie sie jemals wieder vom Erdboden vertilgt werden können.

Wir müssen uns viel stärker unserer Umwelt bewußt werden, unserer

Wechselbeziehungen und letztlichen Einheit mit allen anderen Lebensformen, von deren Erleben uns unsere eingefahrenen Denkmethoden mit ihrem Hang zum Sezieren und Analysieren abhalten. Die sogenannte physische Welt und der sogenannte menschliche Körper sind ein einziger zusammenhängender Prozeß, sie unterscheiden sich voneinander nur wie das Herz von den Lungen oder der Kopf von den Füßen. In akademischen Kreisen nenne ich diese Art Verständnis das „ökologische Gewissen", anderswo würde man „kosmisches Bewußtsein" oder „mystische Erfahrung" sagen. Unsere Intellektuellen und Wissenschaftler sind jedoch im allgemeinen noch immer von der Vorstellung besessen, menschliche Intelligenz und Empfindung seien Zufallstreffer in einem vollkommen mechanischen, stumpfsinnigen Universum — als wüchsen Feigen an Disteln und Weintrauben an Dornbüschen. Warum erkennt man nicht die Kontinuität, die die Gesamtheit der Dinge mit unserm eigenen Bewußtsein verbindet und mit dem erstaunlichen Nervensystem, von dem es getragen wird? So abstrakt solche Überlegungen auch sein mögen, erscheinen sie mir im Kern doch denk- und anwendbar. Denn unsere völlig falsch als „materialistisch" bezeichnete Zivilisation muß vor allem Liebe zur Materie entwickeln, zu Erde, Luft und Wasser, zu Bergen und Wäldern, zu erlesenem Essen, zu phantasievoller Behausung und Kleidung und zu zärtlicher, raffinierter erotischer Fühlungnahme mit menschlichen Körpern. Gewiß, diese sogenannten „Dinge" sind so vergänglich wie Kräuselwellen auf dem Wasser, aber was für Leben, was für Liebe und was für Energie birgt denn eine vollkommen reine Abstraktion oder ein total massiver, in Ewigkeit unzerstörbarer Stein?

Doch halt! Alles hat zwei Seiten, etwas kann den „Stein ins Rollen bringen" oder kann uns „zum Steinerweichen" rühren. Die Worte sind mehrdeutig. „Teilen" heißt sowohl *zer*-teilen als auch *miteinander* teilen. „Aufbrechen" heißt zerstören oder neubeginnen. Das englische Wort *evil* (Übel) ergibt rückwärts gelesen *live* (leben). *Demon est deus inversus.*

Himmel droben, Himmel drunten;
Sterne droben, Sterne drunten.
Alles was oben, zeige sich unten.
Glücklich, wer das Rätsel weiß.

Die nachfolgenden Essays sind unabhängig voneinander entstanden, und ich vertraue deshalb darauf, daß mir der Leser etwaige Wiederholungen verzeiht, wenngleich ich versucht habe, mich zu vergewissern, daß die Gedanken jeweils verschieden zum Ausdruck gekommen sind. „Gut kontra Geld" und „Mord in der Küche", denen Neues zugefügt wurde, habe ich für *Playboy* geschrieben — diese ungewöhnliche Zeitschrift, die als edelpornografisches Männermagazin mit das Beste vom philosophischen Gedankengut Amerikas veröffentlicht und auf diese Weise an die 6 Millionen Leser mit dem Leben des Geistes in Berührung bringt. „Der Geist der Gewalt und die Materie des Friedens" entstand für *Alternatives to Violence*, einen Sammelband, den der Neurologe Dr. Larry Ng herausgegeben und Time-Life Books veröffentlicht hat. „Psychedelische Drogen und religiöse Erfahrung" wurde auf Anfrage für die Ausgabe (Januar 1968) des *California Law Review* geschrieben, die die rechtlichen Probleme des Gebrauchs und Mißbrauchs von Drogen zum Thema hatte. Darüber hinaus war dieser Essay Grundlage eines Vortrags vor der Medical Society des Staates Illinois.

Die folgenden sieben kurzen Essays sind außer einem zuerst im *Bulletin of the Society for Comparative Philosophy* veröffentlicht worden. „Der Urmythos" und „Das große Mandala" erschienen später im jüngst entschlafenen *San Francisco Oracle*, jener bemerkenswertesten Leistung der Untergrundpresse. Und „D. T. Suzuki: Der ‚kopf-lose' Gelehrte" erschien gleichfalls in dem Gedenkband, den die Eastern Buddhist Society von Kyoto zu seiner Würdigung herausgab. „KUNST, großgeschrieben" entstand als Vorwort eines Katalogs für eine von Oliver Andrews, Professor für Bildhauerei an der Universität von Kalifornien, veranstaltete Ausstellung elektronischer Kunst. Für die Genehmigung, diese Essays in der vorliegenden Form herausgeben zu dürfen, sei insbesondere den genannten Zeitschriften herzlich gedankt.

Sausalito, Kalifornien *Alan Watts*
Mai 1969

Gut kontra Geld

Im Jahre unseres Herrn Jesus Christus 2000 werden die Vereinigten Staaten von Amerika nicht mehr existieren. Das ist keine erleuchtete Prophezeiung kraft übersinnlichen Durchblicks, sondern eine ziemlich sichere Vermutung. „Die Vereinigten Staaten von Amerika" kann zweierlei bedeuten. Zum ersten ein gewisses physisches Territorium, größtenteils auf dem nordamerikanischen Kontinent, alle geographischen und biologischen Besonderheiten wie Seen, Berge und Flüsse, Himmel und Wolken, Pflanzen, Tiere und Menschen mit einbegriffen. Zum zweiten einen souveränen politischen Staat, der im Wettstreit mit vielen anderen souveränen Staaten besteht, die sich gegenseitig auf der Oberfläche dieses Planeten herumstoßen. Im ersten Sinne sind die Vereinigten Staaten konkret und materiell, im zweiten abstrakt und imaginär.

Wenn die Staaten noch viel länger im zweiten Sinne existieren, werden sie aufhören, im ersten zu bestehen. Denn Land und Leben können jetzt so leicht vernichtet werden — durch die schnellen, katastrophalen Methoden der atomaren und biologischen Kriegführung oder auch durch Zusammenkommen solcher schleichenden, heimtückischen Faktoren wie Überbevölkerung, Verschmutzung der Atmosphäre, Vergiftung der Gewässer und Totalausbeutung der natürlichen Ressourcen infolge technologischen Größenwahns. Um das Maß vollzumachen, ziehe man noch Bürger- und Rassenkrieg in Betracht, ferner die Selbststrangulierung der Riesenstädte und den Zusammenbruch aller wichtigen Transport- und Kommunikationsnetze. Und das wäre das Ende der Vereinigten Staaten von Amerika im einen wie im andern Sinne.

Immerhin besteht eine geringe Chance, daß wir unsere politische und abstrakte Existenz im Himmel weiterführen können, um uns des „Lieber-tot-als-rot" zu erfreuen und mit höchster Befugnis des lieben Gottes unsern in der Hölle schmorenden Feinden zurufen zu können: „Haben wir's euch nicht gesagt!" Auf Grund solcher Zielsetzungen mag sehr wohl jemand den großen roten Knopf drücken, um zu beweisen, daß der Glaube an die Unsterblichkeit der Seele zu Recht besteht, auch wenn das physische Leben dabei ausgelöscht wird. Zu unserm Glück halten unsere marxistischen Widersacher nicht viel von einem solchen Glauben.

Wenn ich die Zukunft nüchtern und realistisch betrachte, neige ich zu einer eher düsteren Sicht der Dinge. Bisher hat noch keiner der von mir gewählten Kandidaten bei einer Wahl den Sieg davongetragen. Ich habe das deutliche Gefühl, die Politik geht davon aus, daß die meisten Leute entweder streitsüchtig und mißgünstig oder dumm sind, daß ihre Entscheidungen normalerweise kurzsichtig und selbstzerstörerisch sind und daß die menschliche Rasse aller Wahrscheinlichkeit nach als biologisches Experiment scheitert und die glatte Talfahrt zum Tod antritt, wie die besessenen Säue in der Bibel (Matth. 8,28). Wenn ich eine Wette auf die Zukunft abschließen sollte — und wüßte, wo ich das machen könnte —, wäre es genau das, worauf ich setzen würde.

Aber nirgendwo kann man auf das Schicksal der Menschheit wetten. Ebensowenig kann man außerhalb der Situation stehen und als unbeteiligter, kalt kalkulierender objektiver Beobachter zuschauen. Ich bin einbezogen in die Situation, und darum geht sie mich etwas an; und da sie mich etwas angeht, fällt mir nicht im Traum ein, die Dinge so laufen zu lassen, als hätte ich nur eine Wette darauf abgeschlossen.

Es gibt jedoch noch eine weitere Möglichkeit für das Jahr 2000 A.D. Dazu müssen wir unsern Verstand auf die materielle Realität richten, hingegen das abstrakte politische Gebilde der Vereinigten Staaten von Amerika ziemlich außer acht lassen. Indem wir die Nation einmal beiseite lassen, können wir unsere ganze Aufmerksamkeit dem Land widmen, der physischen Erde mit ihren Gewässern und Wäldern, Blumen und Früchten, Tieren und Menschen — und dergestalt ein praktikables, durch und durch erfreuliches biologisches Experiment beginnen, das uns weniger Kosten und Leiden beschert, als wir heute ertragen.

Die Chancen mögen gering sein. Vor nicht allzulanger Zeit erließ der Kongreß mit viel patriotischen Reden ein Gesetz, das jedem harte Strafen androhte, der sich herausnähme, die Flagge der Vereinigten Staaten zu verbrennen. Dabei sind genau diese Kongreßabgeordneten und Gesetzemacher durch ihr Tun und Lassen dafür verantwortlich, daß das Land, das die Flagge repräsentieren sollte, verbrannt, verschmutzt und geplündert wird. Und damit haben sie ein Beispiel gegeben für einen absonderlichen, ja vielleicht fatalen Irrtum der Zivilisation: die Verwechslung von Symbol und Realität.

Die Zivilisation, einschließlich all ihrer Errungenschaften aus Kunst und Wissenschaft, Technik und Industrie, basiert auf der menschlichen Erfindung und Manipulation von Symbolen — von Worten, Buchstaben, Zahlen, Formeln und Begriffen und von sozial abgesegneten Einrichtungen wie Uhren und Linealen, Waagen und Fahrplänen, Dokumenten und Gesetzen. Mit Hilfe dieser Mittel messen, bestimmen und kontrollieren wir das Verhalten von Mensch und Natur — und sind vom offensichtlichen Erfolg so überrascht, daß uns die Sache zu Kopf steigt. Nur zu leicht verwechseln wir die Welt der Symbole mit der wirklichen Welt. Wie der Semantiker Alfred Korzybski sagte: Es ist dringend nötig, zwischen der Landkarte und dem Land zu unterscheiden und, wie er hinzugefügt haben könnte, zwischen der Flagge und dem Land.

Am Beispiel der grundlegenden Verwechslung von Geld und Gut will ich diesen Punkt illustrieren und gleichzeitig das Haupthindernis für einen gesunden technischen Fortschritt erläutern. Denkt einmal an die weltweite Depression in den dreißiger Jahren: Von heute auf morgen folgten auf eine blühende Konsumwirtschaft, in der jeder immer höher hinaus wollte, Arbeitslosigkeit, Armut und Anstellen fürs Brot. Was war geschehen? Die materiellen Ressourcen des Landes — Grips, Muskelkraft und Rohstoffe — waren keineswegs erschöpft, aber es fehlte plötzlich an Geld, und schon war eine sogenannte Finanzkrise da. Experten des Bankwesens und der Hochfinanz, die vor lauter Bäumen den Wald nicht sehen, können langatmig darüber philosophieren und komplizierte Erklärungen für derlei Katastrophen anführen. Dabei war es einfach so, als wäre ein Bauarbeiter am Morgen der Depression zur Arbeit gekommen und sein Boss hätte zu ihm gesagt: „Tut mir leid, Junge, aber heute wird nicht gebaut. Es gibt keine Zentimeter mehr." ,,Was soll das denn heißen, keine Zentimeter? Wir haben Holz. Wir haben Stahl. Wir haben Zement. Wir haben auch Zollstöcke." ,,Mag sein, aber du verstehst nichts vom Geschäft. Wir haben zu viele Zentimeter verbraucht, und jetzt sind sie einfach alle."

Ein paar Jahre später hieß es, Deutschland könne unmöglich eine schlagkräftige Armee aufstellen und Krieg führen, und zwar aus Mangel an Geld. Was damals nicht verstanden wurde und auch heute noch nicht richtig verstanden wird, ist die Tatsache, daß Geld keine andere Realität hat als Zentimeter, Gramm, Stunden oder Längengrade. Geld ist ein Mittel, Reichtum zu messen, aber es ist nicht der Reichtum selbst. Eine Kiste voller Goldstücke oder eine dicke Brieftasche hat für einen schiffbrüchigen Seemann auf einem einsamen Floß nicht den geringsten Wert. Er braucht *echtes* Vermögen, nämlich eine Angelrute, einen Kompaß, einen Außenbordmotor samt Treibstoff und eine Gefährtin.

Heute ist die seit langem tief eingewurzelte Verwechslung von Geld und Gut der Hauptgrund dafür, daß wir nicht volle Kraft voraus die Entwicklung unserer technischen Fähigkeiten vorantreiben und ausreichend Nahrung, Kleidung, Behausung und Gebrauchsgüter für jeden Erdenbewohner produzieren. Das wäre durchaus machbar, denn Elektronik, Computer, Automatisierung und die Techniken der Massenproduktion haben uns wahrhaftig ein Zeitalter des Überflusses beschert, in dem die politischen und ökonomischen Modelle der Vergangenheit, ob links, gemäßigt oder rechts, einfach überholt sind. Es kann keine Rede mehr sein von den alten sozialistischen oder kommunistischen Strategien, den Reichen etwas wegzunehmen, um es den Armen zu geben, oder davon, mittels endloser, immer undurchsichtigerer Besteuerungsrituale zu einer gerechteren Vermögensverteilung zu kommen. Sollten wir wirklich einmal kapieren, was *Geld* eigentlich bedeutet, sage ich voraus, daß im Jahre 2000 oder noch eher niemand mehr Steuern zahlen und keiner mehr Bargeld bei sich führen wird, daß alle öffentlichen Einrichtungen unentgeltlich sein werden und jedermann im Besitz einer Generalkreditkarte sein wird. Diese jedermann frei verfügbare Kreditkarte wird in Höhe des Anteils jedes einzelnen an einem garantierten Mindesteinkommen bzw. der ,,Sozialdividende" gedeckt sein, und darüber hinaus kann jeder nach

Wunsch durch Betätigung in Kunst oder Handwerk, Beruf oder Handel, in Bereichen, die nicht automatisiert wurden, mehr verdienen.*

Natürlich erhebt sich auf diese unerhörten Vorschläge hin der alte Schrei: „Aber woher soll das *Geld* kommen?" oder „Wer bezahlt das Ganze?" Die Sache ist die, daß Geld niemals irgendwoher *gekommen* ist und auch nie kommen wird, als sei es so etwas wie Bauholz, Eisen oder Wasserkraft. Noch einmal: Geld ist ein Maß für Güter, wir haben das Geld *erfunden*, wie wir die Temperaturskala erfunden haben oder die Maße und Gewichte. Wenn du einen Berg Eisenerz entdeckst und abbaust, brauchst du dir keine „tausend Tonnen" auszuleihen, bevor du etwas damit anfangen kannst.

Wahrer Reichtum im Gegensatz zu Geld ist die Summe aus Energie, technischer Intelligenz und Rohstoffen. Gold für sich genommen ist nur dann etwas wert, wenn es für so praktische Zwecke verwendet wird wie Zahnfüllungen. Sobald es als Geld benutzt und in Tresoren oder Gewölben unter Verschluß gehalten wird, ist es zu nichts mehr nütze, es entgeht dem Umlauf als Rohstoff; das heißt, es verliert seinen wahren Wert. Wenn Geld aus Gold, Silber oder Nickel sein muß, hängen Absatz und Verteilung großer Reichtümer in Form von Getreide, Geflügel, Baumwolle, Gemüse, Butter, Wein, Fisch und Kaffee von der Entdeckung neuer Goldminen ab. Diesem offensichtlich absurden Mißstand wurde bisher durch wachsende „Staatsverschuldung" abgeholfen — ein echter Fall von semantischer Verwirrung, denn es geht ja nur darum, daß eine Nation sich Kredit oder Kaufkraft bescheinigt, die nicht etwa auf Edelmetallschätzen beruhen, sondern auf wahren Reichtümern wie Produkten, Materialien und mechanischer Energie. Da die Staatsschulden heute die Gold- oder Silberreserven meist bei weitem überschreiten, heißt es von einem Land mit hoher Nationalverschuldung im allgemeinen, es lebe über seine Verhältnisse und sei mit Gewißheit auf dem besten Wege zu Armut und Ruin — ganz gleich, wie unerschöpflich seine Energie- und Rohstoffquellen sind.

* Mehr darüber in den Büchern von Robert Theobald: *Challenge of Abundance* („Die Herausforderung des Wohlstands"), *Free Men and Free Markets* („Freie Menschen und freie Märkte") und *The Guaranteed Income* („Das garantierte Einkommen"). Professor Theobald ist Avantgarde-Ökonom an der Columbia-Universität.

Da haben wir wieder die grundlegende Verwechslung von Symbol und Wirklichkeit, hier unter Einbeziehung der Schwarzen Magie der Worte „Schuld", „in Schulden geraten" und „schuldig sein". Staatsschuld sollte vielmehr als Staats*kredit* bezeichnet werden. Durch Gewährung eines nationalen Kredits bewilligt eine bestimmte Bevölkerung sich selbst Kaufkraft und damit eine Möglichkeit, ihre Güter und Dienstleistungen, die viel mehr wert sind als jede Menge Edelmetalle, in Umlauf zu bringen.

Ich schreibe über diese Dinge als einfacher Philosoph und nicht als Finanz- oder Wirtschaftsexperte, der nur so strotzt von Fakten und Zahlen. Aber ist es nicht Aufgabe des Philosophen, derlei Betrachtungen anzustellen, und zwar vom gleichen Standpunkt aus wie das Kind in Hans-Christian Andersens Märchen *Des Kaisers neue Kleider*? Der Philosoph versucht, zu den elementarsten grundlegenden Prinzipien vorzustoßen. Er sieht, wie materielle Werte verschwendet werden, einfach verrotten oder unnützerweise gehortet sind, und das aus Mangel an rein abstrakten Nennwerten wie Dollar, Pfund oder Mark.

Aus dieser elementaren oder, wenn man so will, kindlichen Sicht heraus erkenne ich, daß wir eine wunderbare Technik geschaffen haben, die Güter und Dienstleistungen bereitstellt, ohne daß die Menschen sich noch dafür abrackern müßten. Sind die Maschinen nicht ausschließlich dazu da, Arbeit loszuwerden? Wenn man die Arbeit loswird, die zur Befriedigung der Grundbedürfnisse nötig ist, hat man Muße — Zeit für erfreuliche Dinge, für neue schöpferische Unternehmungen und Abenteuer. Aber da wir mit der typischen Blindheit derer geschlagen sind, die nicht zwischen Symbol und Wirklichkeit unterscheiden können, erlauben wir unseren Maschinen, Menschen „arbeitslos" zu machen — nicht etwa so, daß sie dann Freizeit und Muße haben, sondern so, daß sie mittellos dastehen und zu Almosenempfängern der öffentlichen Wohlfahrt degradiert werden. Wir schaffen zwar — mit zunehmender Rationalisierung und Automatisierung der Industrie — die Menschenschinderei weitgehend ab. Wenn aber die freigewordenen Sklaven zugleich ihrer Kaufkraft beraubt werden, führt das nur dazu, daß die Hersteller sich selbst der Absatzmärkte für ihre Produkte berauben. Die Maschinen produzieren mehr und mehr, die Menschen produzieren immer weniger, und dabei türmen sich die Produkte auf und werden weder vertrieben noch konsumiert, weil zu wenig Leute da sind, die Geld verdienen, und weil auch die ausgehungertsten, gierigsten und rücksichtslosesten Kapitalisten keine zehn Pfund Butter am Tag verdrücken können.

Jedes Kind müßte verstehen können, daß Geld nur eine Annehmlichkeit ist, die den Tauschhandel ausschaltet, damit man nicht mit Körben voller Eier oder Fässern voll Bier zum Markt gehen muß, um Fleisch und Gemüse dafür einzutauschen. Wenn alles, was man einzutauschen hätte, die körperliche oder geistige Arbeitsleistung wäre, die augenblicklich durch Maschinen erbracht wird, bestünde doch das Problem: Wo kriegt man was zu essen her, und wie findet der Hersteller Kunden für seine Butter- und Würstchenberge?

Die einzige vernünftige Lösung wäre die, daß ein Gemeinwesen als Ganzes sich selbst Kredit — Geld — gewährt für die von den Maschinen verrichtete Arbeit. Dadurch würden seine Produkte ordentlich verteilt und Besitzer wie Geschäftsführer ehrlich bezahlt, so daß sie in größeren und besseren Maschinen investieren könnten. Und die ganze Zeit über käme der zunehmende Wohlstand von der Energie der Maschinen und nicht von rituellen Manipulationen mit Gold.

Auf manchen Gebieten machen wir das auch schon, nämlich indem wir uns selbstmörderisch Kredit gewähren (bzw. Schulden aufnehmen, wie es jetzt heißt) für Kriegsmaschinerien. Was die Nationen dieser Welt seit 1914 für Krieg ausgegeben haben, hätte beim heutigen Stand der Technik jedem Erdenbewohner ein reichliches Privatvermögen zugesichert. Da wir Reichtum und Geld verwechseln, haben wir das Gefühl, in Schulden zu geraten, wenn wir uns selbst Kredit geben. Niemand verschuldet sich freiwillig, außer in einem Notstand; und darum beruht unser Wohlstand auf einem dauernd aufrechterhaltenen militärischen Notstand. So kommt es, daß wir uns selbstzerstörerisch darin erschöpfen, Kriege zu ersinnen, obwohl wir statt dessen doch einfach nur Geld zu erfinden brauchten — vorausgesetzt, der erfundene Betrag stünde im richtigen Verhältnis zu den produzierten Werten. Wir sollten den Goldstandard durch den Wertstandard ersetzen.

Unser heutiger Aberglauben in Sachen Geld würde bewirken, daß bei Gewährung eines garantierten Mindesteinkommens von, sagen wir, 10.000 Dollar pro Jahr und Person die Inflation sofort wild ausuferte. Die

Preise würden himmelhoch ansteigen, um die in Umlauf befindlichen riesigen Mengen neuen Geldes „aufzufangen", und im Endeffekt wäre jeder ein Sozialfall mit 10.000 Dollar Unterstützung im Jahr. Den unseligen, vom Geld wie hypnotisierten Produzenten ist nicht bewußt, daß das durch stetes Preisanheben zugewonnene Geld beständig an Kaufkraft verliert und daß mit dem kontinuierlichen Anwachsen materiellen Wohlstands der Wert der Währungseinheit laufend sinkt — man muß praktisch schneller und schneller rennen, um zu bleiben, wo man ist, statt die Maschinen für sich laufen zu lassen. Wenn wir vom Goldstandard zum Wertstandard wechseln, müssen die Preise in etwa so bleiben, wie sie zur Zeit des Wechsels sind, und — oh Wunder — jeder wird merken, daß er genug bzw. mehr als genug anzuziehen, zu essen und zu trinken hat und herrlich und in Freuden leben kann.

Es wird nicht so einfach sein, das der ganzen Welt begreiflich zu machen, denn die Menschheit hat ca. eine Million Jahre in relativ dürftigen Verhältnissen materieller Knappheit gelebt, und der Beginn der industriellen Revolution liegt erst etwa 100 Jahre zurück. So schwierig es einst war, die Leute davon zu überzeugen, daß die Erde rund ist und sich auf einer Umlaufbahn um die Sonne bewegt, oder deutlich zu machen, daß das Universum ein gekrümmtes Raum-Zeit-Kontinuum ist, so schwer könnte es auch werden, dem „gesunden Menschenverstand" einzutrichtern, daß Geldverdienen und Sparen überholte Tugenden sind. Wahrscheinlich muß die Sache in sehr geschickt präsentierten, leichtverständlichen Fernsehsendungen von gelehrt wirkenden Herren mit Brille und weißen Kitteln an den Mann gebracht werden, und darüber hinaus durch Millionen eigens dafür verfaßte Comicbücher.

Natürlich stünde es jedem frei, etwas über das garantierte Mindesteinkommen hinaus zu verdienen; aber wenn immer klarer wird, daß Geld nicht gleichzusetzen ist mit Gut, werden die Leute merken, daß die wahren Güter, die jedes Individuum konsumieren kann, sich in Grenzen halten. Wir werden vielleicht die „Freiwirtschaftslehre" des deutschen Ökonoms Silvio Gesell aufgreifen und nicht in Umlauf befindliches Geld einer fortschreitenden Entwertung unterwerfen müssen, so daß es vom Ausstellungsdatum ab an Wert verliert. Letzlich wird die Versuchung, Geld oder Gold anzuhäufen, in dem Maße dahinschwinden, wie offen kundig wird, daß die Technik die Bedarfsdeckung übernimmt und daß man nicht vier Autos auf einmal fahren, nicht in sechs Häusern gleichzeitig wohnen, keine drei Ausflüge zur selben Zeit machen oder zwölf Rinderbraten bei einer Mahlzeit verschlingen kann.

Das Ganze würde auf eine kuriose Umkehrung der puritanischen Ethik hinauslaufen, die, zumindest in den Vereinigten Staaten, eines der größten Hindernisse für eine Zukunft des Wohlstands und der Muße aller darstellt. „Müßiggang ist aller Laster Anfang" heißt ihr Leitspruch, und überschüssige Kraft, die nicht in harter, produktiver Arbeit gebunden wird, könne leicht zum Übermut verführen — mit anderen Worten, man muß nach Feierabend so müde sein, daß man nichts mehr anstellen kann. Es wird befürchtet, daß Wohlstand plus Muße wie in vergangenen Zeiten zu Ausschweifungen, Orgien und dergleichen Perversitäten führen könne und weiter zu Übersättigung, Dekadenz und Verfall — wie es W. Hogarth in seinem *Leben eines Wüstlings* (1733) dargestellt hat.

Solche Befürchtungen sind nicht gänzlich aus der Luft gegriffen. Vielleicht müssen wir unser puritanisches Gewissen, unseren chronischen Schuldkomplex, nur in die richtigen Bahnen lenken, indem wir ein neues, ganz und gar zeitgemäßes Schuldgefühl erlernen. Prediger des ausgehenden zwanzigsten Jahrhunderts sollten darauf beharren, daß es eine heilige und ernste Pflicht ist, im vollkommenen Luxus zu schwelgen. Beichtkinder müßten dazu angehalten werden, Sünden zu bekennen wie die, die dritte Konkubine nicht voll befriedigt zu haben oder beim Auftragen eines Banketts für Freunde ein wichtiges Detail außer acht gelassen zu haben — zum Beispiel versäumt zu haben, genügend Marihuana in die Truthahnfüllung zu mischen. Gewiß, das sage ich nicht ohne Ironie, aber es ist mir doch todernst mit der Feststellung, daß eine solche ökonomische Utopie heutzutage kein Wunschdenken mehr ist, sondern im wesentlichen eine notwendige Alternative zur Selbstzerstörung.

Ein Leben in Wohlstand und Genuß erfordert sowohl eine hohe Disziplin als auch eine reiche Phantasie, und das ist eine moralische Herausforderung für uns und stellt uns vor ernste Probleme. Ähnlich wie bei Metallen „Materialermüdung" auftritt, wird Bewußtseinsstimulation, wie angenehm sie auch sein mag, auf die Dauer leicht langweilig, und schließlich stumpft man dagegen ab. Beständiges materielles Wohlleben wird irgendwann nicht mehr wahrgenommen. Wer jahrelang Geldsorgen gehabt hat und plötzlich reich wird, der genießt für ein Weilchen das neue Gefühl von Behagen und Sicherheit, um sich bald darauf wieder ebensoviele Sorgen zu machen wie zuvor — um Krebs oder Herzinfakt. Die Natur verabscheut das Vakuum. Darum kann ein Leben des Genusses nicht ohne ein gewisses Maß an Selbstdisziplin geführt werden. Es erfordert ja viel Zeit und Arbeit, Haar und Antlitz schön zu erhalten, feine Textilien zu weben oder erlesenes Essen vorzubereiten. Daher der Unterschied, den die Franzosen zwischen Gourmand und Gourmet machen: Der erste ist ein reiner Vielfraß, ein Völler, der alles und jedes in sich hineinschaufelt, während der zweite in wählerischer, sensibler, verfeinerter Art den kulinarischen Künsten ergeben ist.

Die Wohlstandsbürger Amerikas haben selten Phantasie in der Kunst des Genießens gezeigt. Ein leitender Angestellter sieht in seinem Geschäftsanzug mehr wie ein Geistlicher oder Beerdigungsunternehmer aus als wie ein „reicher" Mann, er trägt die unbequemste Kleidung, die je für Männer erfunden wurde, verglichen etwa mit Kimono oder Kaftan. Hast du jemals in einem Großkonzern ein Arbeitsessen für „hohe Tiere" mitgemacht? Es ist ebenso mittelmäßig und einfallslos wie das Essen in teuren Nachtclubs und exklusiven Vereinen. Auch auf Wohltätigkeitsbanketten, die 100 Dollar pro Person kosten, bekommt man das berüchtigte KZ-Huhn, das nach dem Elend schmeckt, in dem es aufgezogen wurde.

Sollte allerdings der Trend, den man heute bei immer mehr jungen Leuten beobachten kann, wirklich zukunftsweisend für das Jahr 2000 sein, wird sich vieles ändern: Ganz abgesehen von ihrem chevaleresken Langhaarstil haben die Männer angefangen, Schmuck und leuchtende Farben zu tragen, in Nachahmung mittelalterlicher und orientalischer Pracht, die verging, als die Macht vom Landadel an die knickerigen Kaufleute der Städte überging — an die Bourgeoisie. Unter der äußeren Erscheinung aber kommen deutlich veränderte Wertmaßstäbe zum Vorschein: Erlebnisreichtum ist begehrter als Besitz und Bankkonten, und Zukunftspläne sind nur denen von Nutzen, die voll in der Gegenwart leben können.

Das klingt vielleicht nach Zügellosigkeit und Undiszipliniertheit. Wollen sich denn die jungen Leute (insbesondere die Hippies) nicht mehr nach der alten Regel richten: „Erst die Arbeit, dann das Vergnügen"? Es sieht gerade so aus, als wären die weltweiten Studentenunruhen ein Zeichen dafür, daß die Heranwachsenden nicht länger gewillt sind, sich durch die Lernperiode hindurchzuarbeiten, die zwischen ihnen und dem Erwachsensein liegt. Aber die Eltern und Erzieher kapieren einfach nicht, daß die Studenten von heute nichts für *ihre* Art von Erwachsensein übrig haben, auf die das vorhandene Lehrangebot zugeschnitten ist.

Künstler sind von jeher wichtige Vorreiter sozialen Wandels gewesen. Der heute im Trend liegende „psychedelische" Stil ist gar nicht so undiszipliniert wie sein Ruf. Die Vertreter dieses Stils bedienen sich leuchtender Farben und feinstausgeführter Details in Linie und Form; sie kehren damit zu der reinen Schönheit der abendländischen Kunst zurück, die seit den Tagen der zierreichen französischen und keltischen Handschriften, der bunten Bleiverglasungen von Chartres und der brillanten Emaillearbeiten von Limoges nicht wieder erreicht wurde. Da kommen einem die edelsteinfunkelnden Gärten persischer Miniaturen in den Sinn, die rhythmischen Finessen maurischer Arabesken und das goldene Filigran indischer Stoffe. Ich kenne Hippies, die Musikinstrumente bauen — Lauten und Gitarren —, die mit ihren feinen Elfenbeinintarsien und in ihrer edlen Maserung und Materialbearbeitung ebenso schön sind wie Werke der italienischen Renaissance. Vielen Musikern kommt endlich die musikalische Genialität der Beatles (um ein bekanntes Beispiel zu nennen) zu Bewußtsein, die diese Gruppe unter die großen westlichen Meister von Bach bis Strawinski einreiht, und man erkennt, daß die Songs von Dylan und Donovan genauso ernst zu nehmen sind wie die besten Lieder von Schubert.

Darüber hinaus wird die zukünftige „Freizeitgesellschaft" jedem die Möglichkeit bieten, die Talente zum Kunsthandwerker, Maler, Bildhauer, Dichter, Komponisten, Sportsegler, Forscher oder Töpfer zu entwickeln, die heute nur in uns schlummern, weil wir nicht den Lebensunterhalt damit verdienen können. Sicher, bei so vielen „losgelassenen" Amateuren wird in Hülle und Fülle Mittelmäßiges bis Schlechtes produziert, aber insgesamt dürfte der Langzeiteffekt doch eine Qualitätsverbesserung und größere Vielfalt für Kunst, Musik, Ernährung, Einrichtung, Bekleidung, Haus und Garten bewirken — weitgehend auf der Grundlage von Do-it-yourself. Die technische Massenproduktion wird für die Bedarfsdeckung, für Rohstoffe, Werkzeuge und bestimmte Nahrungsmittel sorgen, uns gleichzeitig jedoch von dem Zwang befreien, massenproduzierten Tingeltangel einkaufen zu müssen wie vorher, als wir keine Zeit hatten, selbst etwas Besseres herzustellen — Kleider, Geschirr und dergleichen Artikel des täglichen Bedarfs, wie sie einst von den sogenannten „Primitiven" so schön gemacht wurden, daß sie nun unsere Museen schmücken.

Im Lauf der Geschichte konnten sich solchen Luxus nur schamlose Aristokraten auf Kosten geschundener Leibeigener leisten. Auch die Bürger der Bourgeoisie waren noch Ausbeuter, aber doch zaghafte Neulinge auf diesem Gebiet und meist so von puritanischen Schuldkomplexen geplagt, daß sie ihren Reichtum in Banken versteckten und alles daransetzten, ihren geschäftlichen Erfolg durch eine spartanische, selbstaufopfernde Lebensweise zu kaschieren. Aber Anno Domini 2000 werden Maschinen die Sklavenarbeit verrichten, und unsere vornehmste Pflicht wird dann sein, in all der Pracht und Herrlichkeit zu schwelgen, die uns die genüßliche Hingabe an alle Formen von Kunst, Wissenschaft und Handwerk bietet. (Mit Sicherheit haben wir längst vergessen, daß die *Schola* ursprünglich ein Ort der Muße sein sollte, wo sich diejenigen, die nicht für ihren Lebensunterhalt schuften müssen, dem uneigennützigen Streben nach Kunst und Wissenschaft widmen können.) Was für einen fröhlichen, übermütigen Lebensstil werden unter solchen Umständen beispielsweise wohlhabende Schwarze entwickeln, wenn sie nicht länger unter dem Druck stehen, die weiße Bourgeoisie imitieren zu müssen?

Ein farbenfroher, gepflegter Lebensstil wird sich durchsetzen, ohne jedoch, wie ich glaube, in die reine Unersättlichkeit und Gier der berühmtberüchtigten Aristokraten vergangener Tage auszuarten. Im Jahre 2000 wird, einmal halbernst gesprochen, der größte Teil Asiens nach dem Beispiel Japans von Superautobahnen, Hamburger-Restaurants, Neonreklamen, Fabriken, Hochhausblocks, riesigen Flughäfen und Toyotas übersät sein, und jeder Fellache und Kuli wird im westlichen Geschäftsanzug herumrennen. Demgegenüber wird Amerika, wo es all dies schon lange gibt und man endlich die Schnauze voll davon hat, nur so von Lamaklöstern und Ashrams (allerdings mit Koedukation) wimmeln, von kundigen

Sitar- und Kotospielern, Meistern der japanischen Teezeremonie, Schulen für chinesische Kalligraphie und Zengartenkunst — während die Leute in Saris, Dhotis, Sarongs, Kimonos und anderen bequemen, farbenprächtigen Kleidungsstücken einherschlendern. Wie gegenwärtig die Franzosen in San Francisco Sauerteigbrot ankaufen und per Jet nach Paris einfliegen lassen, so werden dann unterweisungshungrige Tibetaner und Japaner in Chicago Buddhismus studieren.

Daß das alles nicht völlig aus der Luft gegriffen ist, zeigt das wachsende Interesse amerikanischer Studenten an orientalischer Mystik und anderen „nicht-westlichen" Studienfächern, zu denen vor allem Vorlesungen und Kurse über die Kulturen Afrikas und Asiens gehören. Ganz offensichtlich steht dieses Interesse in einem Zusammenhang mit dem weitverbreiteten Gebrauch psychedelischer Drogen. Dabei handelt es sich nicht, wie oft behauptet wird, um einen Alkohol-Ersatz, sondern vielmehr um ein Abenteuer, um die Erforschung neuer Erlebnisdimensionen, die einen um so höheren Reiz ausüben, als sie esoterisch und antiautoritär sind. Zur Erinnerung, Studenten sind weit eher an Erlebnis- als an Vermögenswerten interessiert, und ihrem Gefühl nach ist die Art, wie ihre Eltern sich selbst und die Welt erleben, krank, verarmt und selbstbetrügerisch — genau deshalb, weil ihre Eltern seit Generationen Symbol und Wirklichkeit verwechseln, Geld mit Gut und Persönlichkeit (bzw. Ego) mit dem wahren menschlichen Wesen.

Hier liegt der springende Punkt. Eine leistungsstarke Technik kann uns nicht voranbringen, wenn sie am Ende aus der ganzen Erde ein riesiges Los Angeles macht, die Elemente vergiftet, die Natur zerstört und den Blutkreislauf ganz und gar mit Antibiotika und Insektiziden verseucht. Genau das wird die sichere Folge des technischen Fortschritts sein, wenn er weiterhin im feindseligen Geist einer Unterwerfung der Natur einherschreitet, dessen Hauptanliegen es ist, Geld zu scheffeln. Obwohl sich die Öffentlichkeit in zunehmenden Maße betroffen fühlt von den Problemen der Erosion, der Luft- und Wasserverschmutzung sowie der Verschlechterung der Nahrungsqualität durch gewisse Methoden der industriellen Landwirtschaft, ist bis jetzt wenig getan worden, um alternative Technologien zu entwickeln — d.h. Technologien, die der Umwelt ebensoviel Achtung entgegenbringen wie der Mensch sich selbst.

In dieser Hinsicht sind viele Firmen und Großunternehmen — und mehr noch deren Kapitalseigner — unglaublich blind den eigenen materiellen Vorteilen gegenüber. Die üblen Auswirkungen des Technikmißbrauchs treten so rapide in Erscheinung, daß wir nicht länger unseren Kindern den Schwarzen Peter zuschieben können. Untersuchungen in Amerika und England haben ergeben, daß Leute, die in Hühnerfarmen arbeiten, ihre eigene Produkte nicht mehr essen; und den Besitzern oder Anteilseignern dieser Riesenbetriebe ist nur deshalb noch nicht der Appetit vergangen, weil sie keine Ahnung von Batteriehennenhaltung haben. Kümmern sich denn die Großproduzenten darum, was mit dem Geschmack von Früchten und Gemüsen geschehen ist, oder beanstandet einer, daß Äpfel und Tomaten häufig gewachst sind, um ihr Aussehen zu verbessern? (Ich habe gerade behutsam an einem Apfel geschabt, um das zu prüfen.) Ist es etwa ein gutes Geschäft oder ein wünschenswertes Leben, wenn man ein 80.000-Dollar-Haus in Beverly Hills kauft, nur um dann mitten in krankmachenden Abgasen zu wohnen? (Vergangenen Mai in Paris hat uns das Tränengas nicht viel ausgemacht; wir sind von Los Angeles Schlimmeres gewohnt.) Ist es noch normal zu nennen, einen Ferrari zu besitzen und zweimal täglich seine Nerven zu strapazieren und sein Leben aufs Spiel zu setzen, um von Norwalk in Connecticut zur Madison Avenue in New York zu pendeln? Und was ist mit der Aussicht vom Flugzeug aus über die Gegend zwischen San Francisco und Seattle — Hektar um Hektar brauner Oregon-Hügel, die nur mit Baumstümpfen übersät sind?

Es wäre zu stark vereinfacht, wollte man sagen, das alles käme davon, weil geschäftlicher Profit auf Kosten des Produkts den Vorrang einnähme, denn es kann von niemandem erwartet werden, ohne den Anreiz des Profits Geschäfte zu machen. Das wahre Kreuz dabei ist, daß Profit ausschließlich mit Geld gleichgesetzt wird und nicht mit echtem Gewinn, nämlich einem angenehmen Leben in schöner Umgebung. Aber Kapitalanleger übernehmen nun einmal keine langfristige Verantwortung für die Verwendung ihres Kapitals: Sie sammeln Coupons und beobachten Marktstatistiken nur im Hinblick auf finanzielle Erfolge. Sie sehen wenig oder gar nichts von den Unternehmungen, die sie finanzieren, und wissen oft nicht einmal, daß sie ihr Vermögen in die klitschigen Kartoffeln auf dem eigenen Tisch investiert haben. Letztendlich beschränkt sich ihr Geschäftsleben auf die Umsetzung materieller Fakten in abstrakte, arithmetische Werte — eine Umsetzung, die automatisch Form und Farbe, Geschmack, Klang und Geruch ausklammert.

Diese Unverantwortlichkeit durch Gesetzeserlasse (z.B. gegen Managerfunktionen ohne Eigentümerrisiko) zu korrigieren wäre weit gefehlt, denn die meisten Gesetze haben genausowenig Bezug zum Leben wie Geld zu Gut. Im Gegenteil, Probleme dieser Art werden durch den Papierkrieg in Politik und Recht eher vertieft als gelöst. Was not tut, ist zugleich einfacher wie auch schwieriger: Finanziers, Bankiers und Aktienbesitzer müssen sich einfach in richtige Menschen verwandeln, müssen sich ehrlich fragen, was sie vom Leben erwarten — und sich vergegenwärtigen, daß diese ganz offene und ehrliche Frage zu einem Lebensstil führen könnte, der viel erfreulicher wäre als ihr jetziger. Klipp und klar gesagt, sie müssen sich endlich besinnen — zu ihrem eigenen Vorteil und Vergnügen.

Die Schwierigkeit ist die, daß die meisten unserer Geschäftsleute mit hohen Positionen in einer abgeschlossenen Welt leben. Sie begeben sich von ihren teuren, aber phantasielosen Bungalows und Clubs in Geschäftsräume von trostloser Eleganz, wo sie durch ein Heer von Angestellten abgesichert und abgekapselt werden. Sie lesen nur, was von Untergebenen bereits vorsortiert wurde, und verkehren einzig mit ihresgleichen, die ebenfalls in der Falle sitzen. Für Leute außerhalb ihrer Kaste ist es nahezu unmöglich, direkt mit ihnen in Kontakt zu kommen; denn sie sind Opfer eines ausgeklügelten, komplizierten, die ganze Wirtschaftswelt prägenden Systems, das den Gedanken einer Veränderung so absurd erscheinen läßt wie eine Umpolung des menschlichen Gehirns. Ihr Leben ist im Grunde eine Art Rollenspiel, das mit Status belohnt wird; materiell fällt kaum etwas dabei ab — allein schon deshalb, weil es ermüdend und zeitraubend ist. Schlägt man aber einem der Mitspieler vor, seine festgelegte Rolle zu ändern, legt er das so aus, als müsse er jemand anderer werden, und in Reaktion auf einen solchen Affront gegen sein eingebildetes Ego klammert er sich leidenschaftlich an seine Rolle mit hohem Status, wie frustrierend sie auch für seine natürlichen und materiellen Neigungen sein mag. Das wäre vielleicht die Mühe wert, wenn die gespielte Rolle wichtige soziale Funktionen in der Gesellschaft erfüllen würde; und viele Geschäftsleute glauben auch tatsächlich, daß es so wäre. Eingeschlossen in ihre eigene Welt, fehlt ihnen die Einsicht, daß sie in der weiträumigen, langfristigen Welt materieller Abläufe völlig unverantwortlich handeln — sowohl ihren Kindern als auch sich selbst gegenüber. Eben deshalb jedoch lassen sich ihre eigenen Kinder oft auf ungewisse Abenteuer in Haight-Ashbury oder dem East Village ein: Sie empfinden das Schickeria-Leben in Scarsdale oder Atherton, Lake Forest oder Beverly Hills als unglaublich schal.

Es gibt hoffnungsvolle Zeichen, daß einige dieser Kinder den Kontakt zu ihren Eltern wiederfinden. Aber es ist ganz schön hart, eine Sekretärin zwischen sich und seinem Vater zu haben. Gibt es in der Geschichte einen Präzedenzfall für eine Revolte gleichen Ausmaßes wie die gegenwärtige der jüngeren Generation gegen die ältere? Eine Revolte — so weitverbreitet, so radikal — in Politik, Moral, Religion, Kleidung, Kunst und Musik, so unüberhörbar — mit so weitreichenden Kommunikationstechniken, wie sie heute verfügbar sind. Ich glaube nicht, daß die Älteren letzten Endes die Kinder abweisen, das wäre widernatürlich. Aber um Frieden zu schließen, müssen die Alten weit, weit von ihrer gegenwärtigen Position abrücken.

Weniger rosig sind die Aussichten für einen Gesinnungswandel in der Arbeiterklasse. Die in den einst sehr nützlichen, heute aber höchst reaktionären Gewerkschaften organisierten Arbeiter stellen das wirklich gefährliche Potential für den amerikanischen Faschismus dar. Denn der Politik der Gewerkschaften liegt die gleiche Verwechslung von Symbol und Realität zugrunde: Der Lohn ist wichtiger als die Arbeit. Und da jedermann sich an die gewerkschaftlich festgesetzten Stunden und (mittelmäßigen) Qualitätsnormen halten muß, wird jede echte Begeisterung für die Arbeit im Keim erstickt. Eine zu Robotern degradierte Belegschaft fordert ihre Wegrationalisierung durch Maschinen geradezu heraus, denn eine weniger effektive Einrichtung muß selbstredend durch eine funktionstüchtigere ersetzt werden. Die Gewerkschaftsbewegung ging nicht von dem Gedanken an die Würde der Arbeit aus, sondern vom Gedanken an die Schinderei, und daraus folgte die Strategie, so wenig wie möglich für so viel Entgeld wie möglich zu tun. Da nun die Automatisierung der Schinderei ein Ende macht, erlischt auch die Notwendigkeit für Gewerkschaften — eine Wahrheit, die selbst auf solche „High-class"-Gewerkschaften zutrifft wie die für Musiker. Ein Flötist, der vom Spielen die Nase voll hat, wird durch ein Tonband ersetzt, das sich nicht auflehnt, wenn es gegen Bezahlung abgespielt wird. Sollen also die Gewerkschaften überhaupt noch zu etwas nütze sein, müssen sie ihre politische Strategie ändern: Statt eine höhere Beteiligung am Profit zu fordern (was nur die Lohn-Preis-Spirale in Bewegung hält), sollten sie ihre Macht für eine totale Revision der Auffassung und Funktion von Geld einsetzen.

Die Befürchtung, bei entsprechender Produktion und Überfluß für alle wäre der Bevölkerungszuwachs nicht mehr zu bremsen, entspricht keineswegs den Tatsachen, denn Überbevölkerung ist ein Symptom der Armut, nicht des Wohlstands. Japan, bisher die einzige hochindustrialisierte Nation Asiens, ist auch das einzige asiatische Land mit einem wirksamen Programm zur Geburtenkontrolle. Auch in Schweden, der Bundesrepublik Deutschland, der Schweiz und den Vereinigten Staaten ist die Geburtenrate im Sinken begriffen. Hingegen wehren sich die ärmeren Völker Asiens und Afrikas hartnäckig gegen den Rat, ihren Bevölkerungszuwachs zu bremsen, weil sie das Gefühl haben, das sei nur wieder ein Trick der Weißen, ihre politische Macht zu beschneiden. Folglich ist die einzige absolut vorrangige und menschliche Methode der Bevölkerungskontrolle die, die Ernährungslage der Welt zu verbessern und alle Güter und Energien, die zur Zeit an militärische Technologien verschwendet werden, in diese Richtung zu lenken.

Wenn man einen ganz und gar realistischen, nüchternen und sachlichen Standpunkt einnimmt und dabei auch sein Eigeninteresse im Auge behält, muß man feststellen, daß die Vereinigten Staaten ihre Streitkräfte völlig inkompetenten Strategen überlassen haben — einer Horde von „Nieten", die nicht einmal den Unterschied zwischen militärischem Können und reiner Schußkraft kennen, die mit Maschinengewehren auf Moskitos schießen, die Völker befreien, indem sie deren Länder verwüsten, deren Hauptwaffe überhaupt keine Waffe, sondern ein Instrument zum allgemeinen Selbstmord ist und deren politische Motivationen auf der kindischen Einteilung der Welt in „Gute" und „Böse" beruhen, weswegen sie nicht zugeben können, daß Feinde keine teuflischen Kreaturen einer satanischen Ideologie sind, sondern auch Menschen. Wenn wir in Vietnam mit der ehrlichen materialistischen Absicht kämpften, die Reichtümer und Frauen des Landes zu erobern, würden wir sehr vorsichtig zu Werke gehen, um nichts kaputtzumachen. Aber da wir für abstrakte Grundsätze streiten und nicht für materiellen Gewinn, machen wir uns zu grausamen, unerbittlichen Verfechtern der Wahnidee, alle Dinge könnten rein weiß sein, ohne den Kontrast Schwarz.

Timothy Leary hat den Nagel auf den Kopf getroffen, als er sagte, wir müßten den Verstand verlieren (die abstrakten Werte), um wieder zu Sinnen zu kommen (konkreten Werten). Die Sinne wiedergewinnen heißt vor allem, unsere eigene Existenz als lebende Organismen zu erleben und nicht als „Persönlichkeiten", die — wie die Charaktere eines Theaterstücks oder Romans — eine erdachte Handlung durchspielen, bei der sie einfach nur den Vorwand für einen Widerstreit abstrakter Vorstellungen und Grundsätze liefern. Der Mensch als Organismus verhält sich zur Außenwelt wie ein Wellengekräusel zum Fluß: Mensch und Welt sind ein einziger natürlicher Prozeß, und doch benehmen wir uns, als seien wir Eindringlinge und Plünderer auf fremdem Territorium. Solange das Individuum als gesonderte Persönlichkeit oder Ego definiert und empfunden wird, bleibt ihm die Erkenntnis verwehrt, daß sein Körper in Wirklichkeit ein tanzendes Energiemuster ist, das für sich alleine einfach nicht bestehen kann. Es besteht nur im Zusammenspiel mit Myriaden von anderen Mustern — Tiere, Pflanzen, Insekten, Bakterien, Minerale, Flüssigkeiten und Gase genannt. Die Definition der Person und die normale Empfindung des „Ich" erfaßt dieses Zusammenspiel nicht richtig. Du sagst: „Ich bin in diese Welt gekommen." Das stimmt nicht; du bist *aus* ihr herausgekommen, wie ein Ast aus einem Baum.

Solange wir nicht deutlich fühlen, daß das so ist, fehlt uns jede Motivation für eine Politik, die die wechselseitige Abhängigkeit aller Völker anerkennt, und auch für eine Technik, die die Unzertrennlichkeit des Menschen vom gesamten Netzwerk natürlicher Muster berücksichtigt. Wie aber ändert man das Selbst-Verständnis? Durch akademische Bildung? Die überzeugt den Verstand, nicht aber die Gefühle. Durch Religion? Das ist erwiesenermaßen nicht sehr aussichtsreich. Durch Psychotherapie? Das dauert viel zu lange. Wenn diesbezüglich wirklich etwas *getan* werden sollte, und zwar rechtzeitig, stimme ich mit Aldous Huxley überein (und auch mit den nüchtern-wissenschaftlichen Folgerungen Arthur Koestlers in seinem Buch *Das Gespenst in der Maschine*), daß unsere einzige Zuflucht vielleicht die Psychopharmakologie ist — eine chemische Substanz, eine Pille, die den Verstand wieder zu Sinnen bringt.

Obwohl ich solchen Mittel wie LSD usw. durchaus positiv gegenüberstehe und selbst damit experimentiert habe, würde es mir doch ebenso widerstreben, die Welt durch Psychedelika ändern zu wollen, wie jedermann unterschiedslos Antibiotika zu verabreichen. Wir wissen noch nicht genau, welchen ökologischen Schaden letztere schon angerichtet haben mögen, wie sehr sie bereits das Gleichgewicht der Natur gestört haben. Deshalb habe ich einen anderen, wahrscheinlich gleich unannehmbaren Vorschlag.

Der lautet einfach, in der Sache gar nichts zu *tun*. Kurz vor seinem Tod soll Robert Oppenheimer gesagt haben, die Welt wäre ganz offensichtlich dabei, zur Hölle zu fahren — und er hat hinzugefügt, die einzige, wenn auch geringe Chance für sie, nicht zur Hölle zu fahren, bestehe darin, absolut nichts zu tun, um sie zu bremsen. Das abstrakte Ego gibt sich mit Vorliebe der Illusion hin, irgend etwas tun zu können, um sich selbst oder die Welt radikal zu verbessern. Das ist rein physisch ebenso unmöglich wie der Versuch, sich an den eigenen Schnürsenkeln vom Boden hochzuheben. Außerdem ist das Ego (wie das Geld) ein Begriff, ein Symbol, letztendlich eine Täuschung — und nicht ein biologischer Prozeß oder eine physische Realität.

Praktisch bedeutet das, mit dem Kämpfen aufzuhören — nicht mehr für so abstrakte Ziele wie Güte, Rechtschaffenheit, Frieden, allumfassende Liebe, Freiheit und soziale Gerechtigkeit einzutreten und auch aufzuhören, gegen solche gleichermaßen abstrakten Schreckgespenster wie Kommunismus, Faschismus, Rassismus und die eingebildeten Mächte der Finsternis und des Bösen anzugehen. Denn die Hölle, die in dieser Welt los ist, entspringt all den guten Vorsätzen. Wir haben für unsere Kriege und Revolutionen die Entschuldigung, sie seien unglückliche Mittel zu guten Endzwecken. So erklärte kürzlich ein General, er habe ein Dorf in Vietnam nur zu dessen eigener Sicherheit zerstört. Darum kommen wir auch an den Konferenztischen zu keiner echten Verständigung

— nur zu vorübergehenden, unbefriedigenden Kompromissen —, weil jede Seite von sich glaubt, aus edlen Motiven und zum Besten der Welt zu handeln. Zum Menschsein gehört auch, sich selbst ebenso wie seinen Feinden ein gewisses Quantum latent vorhandener Niedertracht zuzugestehen. Wir müßten eigentlich ungeheuer erleichtert sein, die ganzen abstrakten Ziele als völligen Unsinn abtun zu können und einzusehen, daß wir unsagbare psychische und physische Energien an eine blödsinnige Sache vergeudet haben. Wenn uns erst einmal klar geworden ist, daß es ebenso absurd ist, das Gute ohne das Böse zu wollen wie Weiß ohne Schwarz, werden all diese Energien frei für Dinge, die wirklich getan werden *können*. Dann kann die Energie von abstrakten Zielen weg auf ganz konkrete, materielle Unternehmungen hingelenkt werden — auf Gärtnern und Kochen, Bergbau und Technik, Kleidernähen und Häuserbauen, Reisen und Lernen, auf Kunst, Musik, Tanz und Liebesspiel. Das sind mit Sicherheit alles wunderbare Dinge, die man um ihrer selbst willen tut und nicht, bitte *nicht* zur eigenen oder anderer Leute Besserung.

Mord in der Küche

Ein lebendiger Körper ist kein starres *Ding*, sondern ein fließender *Vorgang*, einer Flamme oder einem Strudel gleich: Nur die äußere Form ist konstant, die Substanz hingegen ein Energiestrom, der an einem Ende hinein- und am anderen wieder hinaustritt. Wir sind bestimmte, vorübergehend erkennbare Bewegungsmuster in einem Strom, der in Form von Licht, Wärme, Luft, Wasser, Milch, Brot, Obst, Bier, *Beef Stroganow*, Kaviar und *Pâté de foie gras* in uns eingeht. Heraus geht er als Gas und Exkrement — und auch als Samen, Säugling, Rede, Politik, Handel, Krieg, Dichtung und Musik. Und Philosophie.

Ein Philosoph, wie ich vermutlich einer bin, ist eine Art intellektueller Tölpel, der das bestaunt und begafft, was vernünftige Leute für selbstverständlich halten, eine Person, die sich des Gefühls nicht erwehren kann, daß die einfachsten Tatsachen des täglichen Lebens unglaublich seltsam sind. Laut Aristoteles steht am Anfang der Philosophie das Staunen. Ich staune einfach, daß ich auf einem Steinball lebe, der um eine ungeheure Feuerkugel herumkreist. Noch mehr verwirrt es mich, daß ich selbst ein Wirrwarr bin — ein kompliziertes Gewirr von arabesken Röhren, Fasern, Zellen, Fibern und Membranen, die verschiedenartige Pulse in diesem Strom fließender Energien darstellen. Vollends aber trifft es mich, daß dieser Wirrwarr, abgesehen vom Wasser, einst *andere* lebendige Körper bildete — die Körper von Tieren und Pflanzen — und ich ihn mir durch Mord zu eigen machen mußte. Wir sind Umformungen von anderen Wesen, denn biologische Existenz kann nur fortbestehen durch das gegenseitige Abschlachten und Einandereinverleiben ihrer verschiedenen Spezies. Ich existiere einzig und allein durch die Mitgliedschaft in diesem völlig irrsinnigen Verein von Wesen, deren Gedeihen auf gegenseitigem Auffressen beruht.

Es ist mit Sicherheit peinlich, aufgefressen zu werden, und ich für mein Teil möchte nicht aufgefressen werden. Deshalb schlägt mir auch die ganze Sache aufs Gemüt. Falls nicht die Leichenbestatter schneller sind, wäre es dann etwa ein fairer Ausgleich für die zahllosen Rinder, Schafe, Vögel und Fische, die ich im Laufe meines Lebens verspeist habe, wenn ich mich selbst von Bakterien und Würmern aufzehren lasse? Ich frage mich: Ist diese biologische Ordnung allseitigen Gemetzels in ihrer Gesamtheit vielleicht ein teuflischer Wahnsinn, der schneller und schneller in eine Sackgasse führt? Ich habe Pflanzen gesehen, die von grünen Blattläusen befallen waren; einen Tag lang wimmelte es nur so von plumpen, saftigen kleinen Körpern, und am nächsten — nur noch grauer Staub auf dürren Stielen. Das Leben ist offenbar ein System, das sich zu Tode frißt und in dem sich Sieg und Niederlage die Waage halten.

Der Mensch kann leicht auf den Weg der grünen Blattläuse geraten, denn je mehr er sich zum Technologie-Experten entwickelt, desto klarer wird es, daß seine Raubgier die von Heuschrecken und Piranhas übertrifft. Die ganze Oberfläche des Planeten überwuchert, zerstört und verpestet er: Mineralien, Wälder, Vögel, Fische, Insekten, Trinkwasser — alles wird in Trabantenstädte, Abwässer, Schrott und Smog verwandelt. Seine natürlichen Feinde, von den Tigern bis hin zur Bakterie, hat er so total unterworfen, daß seine Rasse sich unmäßig verbreiten kann; und in der Angst vor seinen habgierigen Artgenossen vergeudet er den Löwenanteil seiner Reichtümer an die Produktion von Waffen, die mit zunehmendem technischen Fortschritt immer tödlicher werden und immer schneller veralten. Viele prähistorische Tiere sind nur auf Grund einer Fehlentwicklung ihrer Waffen ausgestorben — der Säbeltiger wegen der Unförmigkeit seiner riesigen Reißzähne und das Riesen-Urwelttier *Titanotherium* wegen des untragbaren Gewichts seines gigantischen Nasenhorns.

Man könnte sich immerhin mit dem Gedanken zufriedengeben, wie das Individuum, so müsse auch die Spezies sterben. Danach wird sich die

Energie des Universums wieder in neuen Mustern und Erscheinungsformen manifestieren und nach anderen Rhythmen tanzen. Die Show wird immer weitergehen, aber muß es so eine entsetzliche Quälerei sein? Muß das Leben immer damit bezahlt werden, daß sich zarte, weiche Fleischteile und Nerven unter dem Biß scharfer Zähne krümmen? Wenn ja, ist laut Camus das einzige ernste philosophische Problem, ob man Selbstmord begehen soll oder nicht.

Da fragt sich der Philosoph also: Gibt es außer Selbstmord noch einen anderen Weg aus diesem Teufelskreis gegenseitigen Mordens heraus, der auf alle Fälle ein langsamer Selbstmord ist? Besteht irgendeine Möglichkeit, diesen Mechanismus von Mord und Quälerei, auf dem die Existenz auch des heiligsten menschlichen Wesens beruht, zu umgehen, abzuschwächen oder generell zum Stillstand zu bringen?

Eine vegetarische Lebensweise zum Beispiel ist keine Lösung. Vor Jahren schon hat der indische Botaniker Sir Jagadis Bose die Schmerzreaktionen von Pflanzen beim Abschneiden und Ausrupfen gemessen. Zu sagen, Pflanzen *wüßten* nicht um ihren Schmerz, heißt nur zu sagen, daß sie ihn nicht in Worte fassen können. Als ich einmal einen streng vegetarisch lebenden Buddhisten darauf aufmerksam machte, nämlich den bekannten R. H. Blyth, der *Zen in English Literature* („Zen in der englischen Literatur") verfaßt hat, sagte der: „Ja, das weiß ich. Aber wenn wir Pflanzen ermorden, schreien sie nicht so laut." Mit anderen Worten, es machte nur ihm *selbst* nicht soviel aus. Viele buddhistische und hinduistische Mönche treiben das Prinzip der *Ahimsa* (Gewaltlosigkeit) so weit, daß sie beim Gehen die Augen zu Boden richten — nicht etwa, um der Versuchung durch liebliche Frauen zu entgehen, sondern um nicht auf Käfer, Schlangen oder Würmer zu treten, die vielleicht gerade ihren Weg kreuzen. Auch das ist im Grunde genommen nur eine Ausflucht, eine rituelle Geste der Hochachtung für alles Lebendige, die in keiner Weise etwas an der Tatsache ändert, daß wir vom Töten leben. Wenn ich nun mein Gewissen erforsche, wie ich mich in dieser mißlichen Lage verhalten könnte, stoße ich auf drei Anworten.

Die erste lautet, einzusehen, daß die Entscheidung zum Leben auch eine Entscheidung zum Töten ist und man sich weiter keine Skrupel machen sollte. Denn habe ich mich erst einmal zum Töten durchgerungen, kann ich das auch mit kundiger Hand tun. Stell dir den Todeskampf einer Kreatur vor, die von ihrem reuigen Henker nur halb enthauptet wird. Der Tod muß so leicht gemacht werden wie nur möglich, und die Hand, die das Gewehr hält oder das Messer schwingt, muß sicher sein. (Nebenbei bemerkt, wäre es dir sicher nicht recht, wenn dein Chirurg so viel Besorgnis und Mitleid für dich zeigte, daß seine Hand beim Öffnen deines Leibes zitterte.)

Die zweite Antwort lautet, sich jeder Form von Leben, das für die Ernährung getötet wird, nach dem Prinzip: „Ich habe dich zum Fressen gern" zärtlich zuzuneigen. Heutzutage wird dieses Prinzip von der industriellen Landwirtschaft und Fischerei ebenso gründlich mißachtet wie in der Vergangenheit von den Jägern. Um nur zwei Beispiele zu nennen: Mit unseren modernen Walfangtechniken sind wir in erschreckender Weise dabei, die Wale auszurotten, und die Geflügelindustrie überschwemmt den Markt mit „Gummiadlern" und Pseudo-Eiern. Die unglücklichen Vögel werden in zellenartigen Drahtkästen gehalten, mit Chemikalien gefüttert, dürfen nie draußen in der Sonne scharren und schmecken auch dementsprechend. Was da ungeliebt auf dem Teller liegt, war auch in Küche und Hühnerfarm ungeliebt.

Die dritte Antwort hat Lin Yutang wie folgt gegeben: „Ein Huhn, das geschlachtet und dann nicht richtig gekocht wird, ist umsonst gestorben." Das mindeste, was ich für eine Kreatur tun kann, die für mich ihr Leben gelassen hat, ist, ihr Ehre zu erweisen, und zwar nicht durch ein hohles Ritual, sondern indem ich sie vollendet zubereite und mit Genuß verspeise. Jedes Tier, das sich mir einverleibt, sollte sich auch mit mir freuen.

Wahre Liebe zu Tieren und Pflanzen wie auch anderen lebensnotwendigen Dingen zeigt sich in der Küche. Aber ein Blick in eine amerikanische oder britische Durchschnittsküche macht deutlich, daß dort kein Platz für Liebe ist. Der Raum ist in eine enge Hausecke abgedrängt und sieht wie ein Badezimmer oder Operationssaal aus — weiß, kalt und schäbig, wenn auch manchmal blank und klinisch sauber. Solche Küchen sind reine Zweckeinrichtungen, wie Toiletten, und darin wird Essen pflichtschuldigst in einen kau- und assimilierbaren Zustand gebracht. Alles, was aus diesen Küchen herauskommt, schmeckt auch so — mit Seife geschrubbt, mit Waschbenzin abgerieben und schließlich mit kochendem Wasser desinfiziert. Eine Regel, die fast immer zutrifft: farblose Küche = geschmackloses Essen.

Diese scheußliche Küchen sind nicht etwa die Folge von Armut. Vielmehr spiegeln sie die Tatsache wider, daß die reichste und mächtigste Zivilisation der Erde so davon in Anspruch genommen ist, Zeit zu sparen und Geld zu verdienen, daß sie weder Gefallen am Leben finden noch ihrem Vergnügen nachgehen kann. Es wird allgemein angenommen und behauptet, die Amerikaner seien Materialisten, aber das ist purer Blödsinn. Ein Materialist ist jemand, der das Stoffliche liebt, der sich dem Genuß der unmittelbaren physischen Gegenwart verschrieben hat. Nach dieser Definition sind die Amerikaner fast alle keine Materialisten, sondern „Abstrahisten". Sie *hassen* Materie und verwandeln sie, so schnell es geht, in Abfallberge und Giftgaswolken. Als Volk sehen sie ihr Ideal nur darin, eine Zukunft zu haben, und solange sie das tun, werden sie nie eine Gegenwart haben. Aber nur wer Gegenwart hat und sich unmittelbar und materiell damit befaßt, hat etwas von Zukunftsplänen und kann sich einmal seiner Wirklichkeit gewordenen Pläne freuen. Wer hingegen den Blick auf das Morgen gerichtet hält, das nie kommt, verschluckt alle Gegenwart — unwiederbringlich —, zusammen mit einer vitaminangereicherten Plastikmasse namens Weißbrot.

Grundnahrungsmittel verraten viel über eine Kultur, in unserm Fall das Brot. Richtiges Brot ist ein fester Laib mit Kruste und mit einem Aroma, das Visionen heraufbeschwört von Bauernküchen, Mühlen, vollen Weizensäcken und sanft wogenden goldenen Kornfeldern in der trägen Glut eines Spätsommernachmittags. Nur wenige Amerikaner haben solche Gedankenverbindungen, denn unser Brot vermittelt nichts dergleichen. Es ist eine fast gewichtslose Masse, innen matschig und porös, die mit Konservierungsstoffen und angeblich wertvollen Chemikalien versetzt ist. Es ist nicht gerade weiß, sondern idealerweise vollkommen farblos und schmeckt — soweit menschliches Genie das überhaupt fertigbringt — nach absolut nichts. Es besteht aus zusammengepreßten Luftbläschen, die von einer Haut aus eßbarem Plastikmaterial umschlossen sind, das synthetisch aus Weizen oder Roggen hergestellt wurde wie Kasein aus Milch. In Verbindung mit Flüssigkeit, sei es nun Soße oder Speichel, schmilzt diese Plastikhaut sofort zu einer widerlichen, formlosen Pampe zusammen, die aufs Haar jenem abstoßenden weißen Schleim gleicht, der an Babys verfüttert wird und den die meisten Babys verständlicherweise in den Löffel zurückspucken.

Zunächst einmal wird Weizen durch landwirtschaftliche Industriebetriebe lieblos auf Millionen Hektar eintönigen, baumlosen Grundes in Ödländern wie Kansas und Nebraska angebaut und vom Flugzeug aus mit „Flit" und „Insektentod" eingenebelt. Dann wird er mit gigantischen automatischen Schneidemaschinen vom Antlitz der Erde geschoren, gesiebt und zu einem Mehl vermahlen, das sich, nachdem es mit Reinigungsmitteln gewaschen und mit Desinfektionsmitteln ausgelaugt wurde, endlich in Tonnen von Fertigbackmischungen verwandelt. Diese Berge reinen Kalkstaubs werden in riesigen Backfabriken mit Ameisen-, Benzoe- und Propionsäure sowie künstlichen Aromastoffen gemischt, woraufhin das ganze Zeug aufgeblasen und hitzestabilisiert, in Scheiben geschnitten, in Wachspapier verpackt und in Form dünner Kissen ausgeliefert wird, die leider zu klein und zu leichtverderblich sind, um als Kopfkissen dienen zu können. Man könnte meinen, ich würde übertreiben, dabei stand erst kürzlich in einer Ausgabe der Zeitschrift *Scientific American*, es habe sich jemand den Herstellungsprozeß für Endlos-„Brot" patentieren lassen, das in *einem* Strang die Elektroniköfen passiert wie Zahnpasta die Tube. „In ununterbrochenem Strom werden die Zutaten gemischt, der Teig geknetet und zum Gehen Kohlensäure hineingepumpt. Hefe wird nur noch für den Geschmack hinzugefügt." Das fertige Produkt hat nicht einmal mehr Endkanten.

Vor etlichen Jahren hat sich ein Leser über unser sogenanntes Brot beim *Consumer's Report* beschwert, einer eigentlich anerkennenswerten Zeitschrift, die ihre Abonnenten vor Marktbetrügereien schützen will. Statt nun aber das beanstandete Produkt erfahrenen Küchenchefs und Feinschmeckern zu unterbreiten, berief die Zeitschrift Diätetiker und Lebensmittelchemiker, die zu Papier gaben, die ekle Masse sei tatsächlich „reich an Vitaminen und wertvollen Mineralien".

Hier liegt der Hund begraben: Wir verwechseln Nahrung mit Medizin und Kochen mit Pharmakologie, und daher kommt es, daß sich Diätetiker und Koch widersprechen — der erste urteilt nach einem Reagenztest, der zweite mit Nase und Zunge. Was auf der Nahrungsmittelverpackung steht, liest sich geradeso wie das Kleingedruckte auf gesetzlich geschützten Arzneimitteln. Ich habe eben ein Tütchen ganz gewöhnliche Gelatine vom Bord genommen, darauf heißt es:

> *Analyse*: Protein 85—87 %, Feuchtigkeitsanteil 12—14 %, Asche 1—1,2 %, Fett 0, Natrium 90 mg/100 g oder 1 mg pro Portion, Kohlehydrate 0, Kalorien 28.

Du hast wahrscheinlich nicht die geringste Ahnung, was das bedeutet, aber mit all dem wissenschaftlich wirkenden Kleingedruckten und den Dezimalstellen muß das Zeug einfach gut für dich sein. Wir bilden uns rein theoretisch-mathematisch ein Urteil über Nahrungsmittel, nicht etwa leiblich, und darauf gründet sich auch meine Behauptung, die Amerikaner seien Begriffsmenschen („Abstrahisten") und keine Materialisten.

Nirgendwo zeigt sich deutlicher, daß sich Diätetiker und Koch auf Grund ihres Rollenverständnisses gegenseitig ausschließen, als in solchen Einrichtungen wie Krankenhäusern und Universitäten. Bei meiner Art von Arbeit ergibt es sich zwangsläufig, daß ich oft in der Mensa einer Universität das Mittagessen oder einen Imbiß zu mir nehme. Das ist in diesen eigens für Studenten bestimmten Stätten immer das gleiche: Kühlhaussalat mit einem Klecks Hüttenkäse und einem Stückchen Dosenananas. Übergare aufgewärmte Rindfleischscheiben, die stundenlang in irgendeinem elektronischen Fegefeuer gelitten haben und mit einer Soße aus Wasser, Kleister und Bouillonwürfeln überzogen sind. Erbsen, Mais und Möhren — dampfgegart. Die Torte ist eine mit künstlichem Ahornzucker aromatisierte Klitschplatte, deren Boden aus zweckentfremdeter Pappe besteht und die mit gesüßtem Rasierschaum aus einer Aerosolbombe garniert ist. Eine solche Kost muß katastrophale Auswirkungen auf das Geistesleben der Nation haben. In der Universitätspolitik, die ja vorwiegend aus Streitereien zwischen den verschiedenen Fakultäten besteht, haben offenbar die Ernährungswissenschaftler die Oberhand gewonnen und sind nun übereingekommen, die Historiker und Mathematiker, Linguisten und Anthropologen aller Lebensfreude zu berauben, indem sie diese an den Gedanken gewöhnen, derlei traurige Speisen seien die angemessene Kost für Wissenschaftler.

Das Übel ist, daß die für eine solche „Küche" verantwortlichen Diätetiker — wie auch die unseligen Beauftragten der amerikanischen Lebensmittelbehörde FDA und des Landwirtschaftsministeriums, die die eingehenden, künstlich aufgepeppten Produkte prüfen — wirklich nachweisen können, daß die richtige Menge Eiweiß, Kohlehydrate, Minerale und Vitamine darin enthalten ist. Aber damit verhält es sich genauso, als wolle man ein Musikerlebnis nach Dezibel und Wellenfrequenzen beurteilen. „Hiermit wird bescheinigt, das diese Schallplatte für das menschliche Gehör unschädlich ist." Gewiß, das ist alles in allem *gut* für uns — in dem Sinne, das es uns befähigt, für ziemlich lange Zeit mit dem Dasein zurechtzukommen. In demselben Sinne wird sogar Sex allmählich gesellschaftlich akzeptabel: Er ist gut für dich; er ist ein gesundes, spannungslösendes „Ventil" — um einen Begriff aus Kinseys Orgasmen-Statistik zu verwenden —, und etliche Winkelhygieniker werden bald ausrechnen, wie oft pro Tag jeder Durchschnittsbürger das Ventil öffnen sollte (0,428 wäre dreimal die Woche), damit wir höchst pflichtgetreu und frei von Schuldgefühlen bumsen können. Halte deine Ventilöffnungszahlen im Auge und führe eine Tabelle am Bett!

Was heißt nun aber dieses „gut" eigentlich, nach dem wir trachten, indem wir Dinge tun und essen, die angeblich gut für uns sind? Diese Frage ist streng tabu, denn ginge man ihr auf den Grund, würde die gesamte Wirtschafts- und Sozialordnung auseinanderfallen und müßte neu organisiert werden. Das wäre wie bei dem Esel, der herausfindet, daß die zum Antreiben vor seiner Nase baumelnde Mohrrübe an einem Stock in seinem eigenen Kummet befestigt ist. Denn das Gute, nach dem wir streben, existiert immer und ausschließlich in der Zukunft. Da wir uns nicht auf die sinnliche, materielle Gegenwart einlassen wollen, sind wir überglücklich, wenn uns Gutes *bevorsteht*, und nicht, wenn es bereits *da ist.* Wir ziehen uns so sehr daran hoch, den Blick auf zukünftige Freuden zu richten und vorwärtszurennen, um sie auch ja nicht zu verpassen, daß wir nicht rechtzeitig bremsen können, um sie bei ihrem Eintreffen zu genießen. Unsere ganze Zivilisation leidet an chronischer Enttäuschung, und wir sind ein Riesenschwarm verhaltensgestörter Kinder, die ihr Spielzeug kaputtmachen.

Unsern Ohren muß daher die Behauptung, Zeit existiere nicht, aber witzig klingen. Zeit ist Geld, sagen wir, und wahrhaftig, Leute, das wird wörtlich genommen! Dabei ist es unmöglich, sich in die richtige Gemütsverfassung für Kochen, Essen und andere Künste zu versetzen, ohne sich klarzumachen, daß Zeit etwas rein Abstraktes ist. Es gibt zwar so etwas wie „Timing" — die Kunst, einen Rhythmus zu beherrschen —, aber Timing und Hetze schließen sich gegenseitig aus wie Koch und Diätetiker. Uhrzeit ist lediglich ein Maß, auf das sich die zivilisierten Völker geeinigt haben; sie besitzt den gleichen Realitätswert wie die nur in der Vorstellung vorhandenen Linien der Längen- und Breitengrade. Der Äquator ist völlig unbrauchbar zum Zusammenbinden eines Rollbratens. Nach der Uhr zu urteilen, ist der gegenwärtige Augenblick nichts weiter als ein haarfeiner Strich, der eigentlich überhaupt keine Breite haben dürfte — wenn er dann nicht unsichtbar wäre. Läßt du dich von der Uhr behexen, hast du demnach keine Gegenwart. Das „Jetzt" ist dann nurmehr ein geometrischer Punkt, auf dem die Zukunft Vergangenheit wird. Aber wenn du die Welt körperlich spürst und empfindest, wirst du merken, daß außer der Gegenwart nie etwas ist, war oder sein wird.

Dieses Gefühl für die ewige Gegenwart muß einem in Mark und Bein übergehen, wenn man es in einer Kunst zur Vollendung bringen will — denn darin liegt das Geheimnis des richtigen *Timings*. Keine Eile. Keine Weile. Nur die Empfindung, im Strom des Geschehens mitzufließen, als tanze man zu Musik, weder den Versuch zu machen, schneller zu sein, noch hinterherzuhinken. Durch Eilen und Verweilen versucht man nur, sich der Gegenwart zu entziehen, und beim Kochen führt das unweigerlich zu verdorbenem Essen. Zeit gewinnen bzw. sich so rasch wie möglich in die Zukunft versetzen zu wollen resultiert in abstrakter statt in wirklicher Nahrung. Schnellöslicher Kaffee beispielsweise ist die wohlverdiente Strafe für die Hast, mit der man die Zukunft zu erreichen sucht. Desgleichen Fernsehsnacks. Desgleichen die aufgewärmten Zumutungen, die normalerweise in Flugzeugen serviert werden und genauso schmecken wie die Plastiktabletts und -geschirre, in denen sie aufgetragen werden. Desgleichen das Fleisch, das nicht gebraten, sondern in Sekundenschnelle im Mikrowellenherd durchwärmt wird. Desgleichen die Mixgetränke aus Pampelmusensaft und Alkohol, die in Zementfässern hergestellt und als „Wein" bezeichnet werden.

Selbst unser Obst und Gemüse steht unter Zeitdruck, so daß es schwierig geworden ist, unter Äpfeln, die bei oberflächlicher Betrachtung herrlich aussehen, auch nur einen zu finden, der nicht nur feuchter Papp mit Schale ist, und Kartoffeln schmecken im allgemeinen ebenso nach nichts wie das Brot. Eine Zeitlang dachte ich, das käme daher, weil mein Gaumen durch übermäßigen Tabakkonsum ruiniert sei, aber als ich kürzlich einmal wieder den Garten meines Vaters in England aufsuchte, befand ich sowohl Äpfel als auch Kartoffeln für so echt, wie sie meinem unverdorbenen Gaumen in der Kindheit gemundet hatten.

Wenn es ginge, würden Begriffsmenschen, um Zeit zu sparen, die Speisekarte statt des Menüs verzehren, was auch fast zu empfehlen wäre, wenn man etwa auf der Speisekarte liest:

> *Colorado-Bergforellenfilet*, in Semmelbröseln sanft zu einem zarten Goldbraun gebraten, mit frischen in Butter gedünsteten Gartenerbsen, schonend knusprig gebackenen Pommes frites und Zitronengarnitur.

Manchmal ist sogar ein Farbfoto dabei, um dir den Mund wässerig zu machen auf die trostlose Enttäuschung, die dich erwartet. Das letzte Mal, daß ich damit zu tun hatte, fiel mein Blick in die ungeniert offenstehende Küche, und da war das Colorado-Bergforellenfilet ein scharfkantiges Rechteck aus einem weißlichen Zeug, das klapperte, als es auf dem Grill landete.

Geld vor Gut zu stellen ist nur eine andere Art, die Speisekarte zu essen — eine psychische Störung, die in direktem Zusammenhang steht mit dem Wahn, Zeit sei eine physische Realität. Ich will fair sein, es liegen noch immer ein paar nahrhafte Produkte in unseren Supermärkten zum Verkauf aus, aber wenn man auch noch vom Geld behext ist, was dann? Dann fährt man seinen vollgehäuften Einkaufswagen zur Kasse, und die Kassiererin tippt einen langen Papierstreifen zusammen und sagt: „30 Dollar und 25 Cents bitte!" Jetzt ist man plötzlich niedergeschmettert, daß man ein „Vermögen" hingeben muß — und merkt gar nicht, daß dieses Vermögen inzwischen in den Einkaufstüten steckt, mit denen man hinausgeht. Das Geld barg eine Zukunft, ein „Zahlungsversprechen", eine Abstraktion, die sich jäh in gegenwärtige, greifbare Wirklichkeit verwandelt hat — und da ist man unglücklich, weil man die Erwartung guter Sachen gegen tatsächliche Güter eingetauscht hat! Wie Zeit ein Maß für Bewegung ist, ist Geld ein Maß für Materialwert und Macht, ein Buchhaltungssystem, und wenn das unverstanden bleibt, kann es passieren, daß ein Volk mit materiellem Überfluß aus Mangel an rein symbolischem Barvermögen hungert — wie in der Depression.

Hat sich eine Zivilisation erst einmal der völlig abstrakten, mathematischen Zielvorstellung ergeben, möglichst viel Geld in möglichst kurzer Zeit zu verdienen, ist der einzig sichere Weg zum Erfolg der, den Verbraucher zu betrügen und vollkommen nichtigen Kram in vielversprechenden Packungen zu verkaufen. Man behandelt seine wäßrigen Tomaten mit Wachs, damit sie echt aussehen. Doch dann hat man zwar Geld gerafft, kann aber nichts Richtiges damit einkaufen, weil die andern alle auf die gleiche Art betrügen.

Man sollte meinen, die wohlhabenden Makler und Werbeleute, Installateure und Elektriker dieser reichsten aller Nationen würden Arbeit Arbeit sein lassen und sich voller Elan in Abendgesellschaften, Bankette und Orgien stürzen, vor denen selbst das Highlife im alten Rom nur noch wie das kalte Buffet bei einer Methodistenversammlung wirken würde. Aber wie die Dinge nun einmal sind, gehen die gutverdienenden Fabrikarbeiter nach Hause, gießen sich dosenweise eine alkoholische Limonade mit der fälschlichen Bezeichnung „Bier" hinter die Binde und sehen bei Hamburger mit Ketchup fern. Die werktätige Oberschicht indessen haut auf die Pauke, indem sie sich mit Martinis betäubt und dann vielleicht noch ein einigermaßen gutes französisches oder italienisches Restaurant besucht, ohne rechten Appetit und ohne dem Dargebotenen Geschmack abzugewinnen. Wenn ich in New York bin, bleibe ich oft in einem kleinen Hotel in einer Straße voller berühmter europäisch geführter Restaurants. Dort werde ich jeden Morgen um sechs vom Poltern und Dröhnen der Müllfahrzeuge geweckt, die tonnenweise Abfallpampe abtransportieren, in der ich gerade noch eine Andeutung von *Hummer Thermidor*, Austern nach Rockefellerart, *Filet mignon aux champignons*, pochiertem Lachs, *Moules marinière* und *Coq au vin* erkennen kann, und darübergemanscht fast alle Gemüsegerichte des Vorabends — die nie jemand ißt. So erlesen die Küche auch sein mag, die Restaurants in Amerika sorgen für Augen-, nicht für Gaumenfreuden, weil nämlich Begriffsmenschen am Vorgeschmack Gefallen finden, den erstklassige Speisekarten und völlig überladene Teller gewähren — von denen nur ein ausgehungerter Junge etwas hätte, wenn er es sich leisten könnte, in solchen Etablissements zu speisen. Der Gast will nur in Vorfreuden schwelgen, und wenn sie sich erfüllen, bleibt ihm buchstäblich die Spucke weg.

Wir leben in einer Kultur — und das ist der Kern der Sache —, in der man sich von Symbolen hypnotisieren läßt, von Worten, Zahlen, Maßen, Mengen und Bildern, die man der physischen Realität vorzieht und mit dieser verwechselt. Wir glauben, uns über einen Pudding klarzuwerden, wenn wir ihn chemisch analysieren und studieren, statt ihn zu probieren. Das liegt in der Hauptsache an einem Bildungssystem, das überwiegend sprachlich und mathematisch orientiert ist, das jeden darauf trimmt, ein guter Schreibtischarbeiter und Bürokrat zu werden, und nur widerwillig praktische Fähigkeiten entwickeln hilft — bei denen, die als zu blöd für geistige Arbeit gelten.

Ich will gar nicht in sentimentaler Weise von der „Würde der Arbeit" schwärmen. Ich will nur darauf hinweisen, daß eine Kultur kaum eine Kultur ist, wenn sie nicht Sorge trägt für das anspruchsvollste Bildungsangebot in allen Lebenskünsten: Landbau, Kochen, Dinieren, Sich-Kleiden, Sich-Einrichten und Sich-Lieben. Wo diese Künste nicht mit Hingabe und Geschicklichkeit geübt werden, ist es absolut sinnlos, Zeit zu sparen und Geld auszugeben. Die Läden sind leer, bis auf den Schund, den Arbeitstiere freudlos unter ständigen Seitenblicken auf die Uhr zusammengepfuscht haben. Und so sind praktisch keine Jobs zu haben für diejenigen, denen es Spaß machen würde, sich in einem Handwerk zu üben und Gebrauchsgegenstände für den täglichen Bedarf herzustellen. Jumbojets und technische Geräte sind eine feine Sache, aber unsere Häuser, Autos, Stoffe, Badewannen, Teppiche, Schmuckstücke, Kleidungsstücke, Geschirre, Betten und Beleuchtungskörper sind einfach unglaubliche Fehlleistungen menschlicher Vorstellungskraft. (Nebenbei bemerkt, wer wahrhaft schöne Glaswaren für die Küche haben will — Gläser, Trichter, Karaffen oder Flaschen —, kaufe sie bei einem Händler für Laborbedarf.)

In der Welt von Symbolen und Abstraktionen, die bruchstückhaft in

Worte gekleidet werden, ist der Mensch ein *Ding* für sich unter andern Dingen. Man selber erlebt sich als einsamen Bewußtseins- und Aktionsmittelpunkt innerhalb einer Hülle aus Haut. Diese Hülle ist eine schroffe Abgrenzung zwischen einem selbst und einem fernliegenden Universum, und die Hauptlebensaufgabe besteht darin, sich mit andern einsamen Aktionsmittelpunkten zusammenzutun und mit vereinten Kräften „die Welt zu erobern" — das heißt, das feindliche Universum gewaltsam seinem Willen zu unterwerfen. Darum reden wir auch von der „Eroberung des Weltalls". Von solchen Empfindungen geleitet, zerstören wir unsere Umwelt und beschmutzen unser eigenes Nest. Unsere Umgebung sieht in zunehmendem Maße so aus, als haßten wir sie.

Aber dieses Gefühl einer getrennten persönlichen Existenz ist eine Täuschung. Es gibt eine spezielle Wissenschaft — die Ökologie —, die sich damit befaßt, die Beziehungen lebendiger Wesen zu ihrer Umwelt zu untersuchen, und sie macht zweifelsfrei deutlich, daß der individuelle Organismus und seine Umgebung ein kontinuierlicher Energiestrom bzw. ein Energiefeld sind. Lernen wir noch einmal etwas von den Bienen und Blumen: Deren Organismen sehen sehr unterschiedlich aus, denn einer wurzelt im Boden und verströmt Duft, während der andere sich frei in der Luft bewegt und summt. Da sie jedoch ohne einander nicht leben können, liegt es durchaus nahe, sie als zwei Aspekte eines einzigen Organismus zu bezeichnen. Unsere Köpfe sehen völlig anders aus als unsere Füße, und doch erkennen wir sie als zu einem einzigen Individuum gehörig, weil sie offensichtlich durch Haut und Knochen miteinander verbunden sind. Verbindungen, die weniger ins Auge springen, sind darum aber nicht weniger real.

Zum Beispiel gibt es keine Fäden, die die weit auseinander liegenden Moleküle deiner Hand miteinander verbinden. Es gibt auch keinen Stoff, der die einzelnen Sterne zu dem Gebilde zusammenfaßt, das wir als *eine* Galaxie wahrnehmen. Aber zivilisierte menschliche Wesen sind beängstigend blind der Tatsache gegenüber, daß sie in *Wechselbeziehung* zu ihrer natürlichen Umwelt stehen. Luft, Wasser, Pflanzen, Insekten, Vögel, Fische und Säugetiere sind ebenso lebenswichtig für uns wie Gehirn, Herz, Lunge und Magen. Die erstgenannten sind unsere äußeren Organe im selben Sinne wie letztere unsere inneren Organe sind. Da wir ebensowenig ohne die außerhalb befindlichen Dinge leben können wie ohne die inwendigen, kommen wir unweigerlich zu dem Schluß, daß sich die Worte „ich" und „selbst" auf *beide* Seiten beziehen. Sonne, Erde und Wälder sind ebensolche Wesensbestandteile deines Körpers wie dein Gehirn. Erosion ist ein ebensolches Leiden wie Lepra, und das wuchernde Wachstum vieler Städte und Gemeinden ist ebenso katastrophal wie Krebs.

Wir empfinden das nicht als unmittelbar einleuchtend, weil wir uns im Lauf der Jahrhunderte an den Gedanken gewöhnt haben, man selber sei nur die Hauthülle samt Inhalt, das Innere, nicht das Äußere. Welche Torheit das ist, wird deutlich, wenn man versucht, sich ein Inneres ohne ein Äußeres vorzustellen oder ein Äußeres, das kein Inneres hat.

Wirkliches Verständnis hierfür kann nur erwachsen, wenn man der dinglichen Welt gegenüber eine andere Haltung einnimmt, und das setzt erstens voraus, daß man den komplizierten Wechselbeziehungen zwischen allen Kreaturen, die die Lebensgrundlage für jedes einzelne Wesen sind, größte Hochachtung entgegenbringt, und zweitens, daß man diese Welt als Erweiterung des eigenen Körpers liebgewinnt und sich an ihr freut. Es stimmt, daß diese Welt sich durch gegenseitiges Töten und Auffressen erhält; aber unter der neugewonnenen Einsicht läßt sich der Mord in der Küche nicht mehr in denselben Topf mit dem Mord in den Viehhöfen und Landwirtschaftsbetrieben werfen — oder mit dem Hinmorden der Landschaft durch Baufehlplanungen und dem Mord an Luft und Sonne durch die Abgase von Industrie und Automobil.

Die einzige absolut notwendige Voraussetzung für die Kochkunst ist demnach die Liebe zur „Sache": der Gestalt und Beschaffenheit von Eiern, dem Duft von Mehl, der wunderbaren Form und dem Schimmer einer Makrele, der roten Marmorstruktur einer Rindfleischscheibe, der blaßgrünen Durchsichtigkeit von frischem Salat, den konzentrischen Ringen einer in Scheiben geschnittenen Zwiebel und der Schwere, Wärme und Elastizität von mehlbestäubtem Teig unter deinen Händen. Sehr wichtig für die innere Einstellung des Kochs wäre es auch, wenn er eine Verbundenheit zu Scheunen und Weinbergen, Fischereihäfen und Molkereien, Obst- und Küchengärten besäße. Es ist eine meiner liebsten bleibenden Erinnerungen, wie ich einmal um Mitternacht bei Vollmond eine Reihe krausblättriger Salatköpfe gesehen habe — Laubsägemuster aus eßbarer Jade mit der Frische winziger Tauperlen. Oder wie ich mich als Kind zwischen den Stangen hochgezogener Prunkbohnen versteckte, die großen, reifen Schoten öffnete und die rohen rotmarmorierten Kerne gekaut habe — als ich nach langem Suchen endlich die prallen, schweren Schoten entdeckt hatte, die sich in den Ranken verborgen hielten.

Mit dieser Einstellung ist es praktisch unmöglich, Nahrungsmittel achtlos in kochendes Wasser zu schmeißen oder gequälten Blicks auf die Uhr etwas zu braten, ohne eifrig in den Ofen zu spähen, zu schnuppern und den Braten zu begießen. Ein guter Koch brütet über dem Herd wie ein altes Mütterchen oder wie ein Alchimist, der gerade aus seltenen Kräutern das Elixier der Unsterblichkeit destilliert. Die Zubereitung an sich muß schon eine reine Freude sein wie der Schmaus, wenn der Schmaus wirklich ein Genuß sein soll. Denn der Koch ist im Grunde ein Priester, der ein Opfer darbringt, und der Herd ist sein Altar. Man braucht die gleiche Hingabe und Versunkenheit wie beim Ausführen eines magischen Rituals oder, falls man mit derlei Dingen nicht vertraut ist, als beschere man einer wunderschönen Frau höchste Wonnen, als bringe man ein feines Musikinstrument zu vollendetem Klingen oder beobachte den gemächlichen Flug eines Golfballs von der Abschlagstelle zum Rasen.

Man spürt diese dem Ritus verbundene Art der Einstellung bei fast allen Verrichtungen, die kundig und mit gesammelter Aufmerksamkeit für das Gegenwärtige ausgeführt werden — wie ein Chirurg bei einer Operation seine Instrumente gebraucht, wie ein Uhrmacher eine Uhr repariert oder Piloten den Start ihres Flugzeugs vorbereiten. So groß ist die vom Ritus (bzw. der Magie) ausgehende Anziehungskraft, daß die Amerikaner, die sich doch damit brüsten, praktisch, nüchtern und geradeheraus zu sein, scharenweise nach Europa fliegen, um einer Krönungszeremonie beizuwohnen, und ganz aus dem Häuschen geraten, wenn ein *Maître d' hôtel* an ihren Tisch tritt und *Crêpes suzette* flambiert. Wir haben offenbar ein so starkes Verlangen nach Ritualen, daß Tausende von protestantischen Geschäftsleuten, denen das feierliche Abendmahl in ihrer Kirche ein Greuel ist, nichtsdestoweniger Freimaurer oder Templer werden, um fremdartige Gewänder zu tragen und an altertümlichen Zeremonien teilzunehmen.

Glücklicherweise schlummert auf dem Grunde unserer Seele noch eine ursprüngliche, fundamentale Ehrfurcht vor dem Hauptgott der Küche, dem Feuer. Im Gegensatz zu Briten oder Franzosen haben viele Amerikaner noch großzügige, offene Kamine in ihren Häusern, und in den letzten zwanzig Jahren sind immer mehr Familienoberhäupter in den Bann der Barbecue-Riten und des zugehörigen Zeremonialgeräts gezogen worden — der Kochmütze, der Schürze und der langen Fleischspieße, Gabeln und Wender. Die Rückkehr zu dieser zeitlosen Form des Kochens ist ein deutliches Zeichen, daß noch nicht alles verloren ist und wir wohl nie richtigen Appetit auf die Art von Speisen bekommen, die jetzt in einigen Drive-ins auf Tastendruck innerhalb von 60 Sekunden elektronisch bestellt und ausgegeben werden. Wie mein Glaube an die menschliche Natur mir sagt, werden schließlich unsere Nerven uns zu der Einsicht bringen, daß ohne Liebe zur Küche nichts Wohlschmeckendes auf den Tisch kommt.

Der Mittelpunkt fast aller kultivierten Wohnungen der westlichen Welt ist allerdings nicht die Küche, sondern das Wohnzimmer, ein kahler Raum, der alles andere als wohnlich ist. Zuzeiten wurde er einmal zutreffender als „gute Stube" bezeichnet, wo man geehrte Gäste empfing, und in dieser Funktion lag er abgeschlossen für sich, fand nur bei speziellen Gelegenheiten Verwendung, roch ein wenig muffig und war mit wenig mehr als mit Stühlen und Sofas, einer Vitrine mit einer Sammlung von Nippes und Ziertellern und ein paar Bildern möbliert. Die Familie *wohnte* woanders: Wenn sie keine Dienstboten hatte, in der Küche; sonst in der Studierstube, im Boudoir oder im Kinderzimmer. Aber mit der Abschaffung der Dienstboten und den steigenden Kosten von Wohnraum haben die Behausungen eine schlimme Wandlung erfahren. Logischerweise hätten wir uns den protzigen Luxus einer „guten Stube" versagen und in weiträumige Küchen umziehen sollen. Statt dessen sind wir in die gute Stube gezogen und haben die Küche auf ein badezimmerähnliches Gelaß beschränkt. Nur so konnten wir die Illusion aufrechterhalten, wir könnten uns immer noch Dienstboten leisten oder zumindest einen Koch, der abseits des Geschehens Mahlzeiten zubereitet, die auf den Tisch kommen, als wäre ein Lammbraten ein durch Zauberei aus nichts entstandenes „Gericht".

Was wir Kultur nennen, besteht also aus einem System von Schleiern, mit denen wir die bestehende Verbindung zwischen Ereignissen verhüllen. Wie der Lammbraten auf dem Tisch erscheint ohne sichtbare Verbindung zur Küche, kommen auch Kinder ohne augenfällige Verbindung zu Sexualverkehr und Geburt einfach bei uns an. Bei Speck, wie er abgepackt im Supermarkt zu finden ist, deutet nichts mehr auf Schwein hin, und bei Steaks könnte man denken, sie wären als Ganzes so gewachsen, wie ein Apfel; nichts erinnert mehr an zerhackte tote Rinder. Die Schleier herunterzureißen gilt als ungehörig und vulgär, als würde man seine Notdurft im Rinnstein einer öffentlichen Straße verrichten.

Das Wohnzimmer ist ein Ort, an dem eine Familie vor sich selbst und andern ihren „Auftritt" spielt. Da sind es lauter feine Damen und Herren, die nicht töten, ackern, kochen, waschen, scheißen oder vögeln — über all das spricht man nicht. Ein echtes Heim sollte eine gewisse Ähnlichkeit mit dem menschlichen Organismus haben, den es beherbergt: Wie sich Mund und After an den entgegengesetzten Enden des Verdauungskanals befinden, sollten auch Küche und Klo weit voneinander getrennt sein. (Nebenbei bemerkt ist eine der schönsten Freuden japanischer Kultur das gemeinsame Bad; der Baderaum liegt jedoch stets abseits vom *Benjo*, außer in modernen Hotels, wo jedes Zimmer sein eigenes Bad hat.) Wenn die Aufteilung der Lebensbereiche zu weit getrieben wird und wir für alle unsere Körperfunktionen abgesonderte Räume haben, treten wir in unserem eigenen Heim nur noch als Leute auf, die essen (fast schon mit einer Entschuldigung), trinken, sitzen und reden. Die übrigen Wohnbereiche sind eine Art „Unterbewußtes", vollgestopfte Räume, in die wir unsere biologischen Funktionen verdrängen.

Diese Aufteilung stimmt genau mit der Illusion überein, das eigene Selbst sei eine gesonderte geistige Einheit, eine Seele oder ein Ego, das dem Körper innewohnt und ihn unter Kontrolle halten sollte, aber nicht wirklich zu ihm gehört. Ein solches nicht-biologisches Selbst ist eine Abstraktion, ein Gebilde aus Worten, Symbolen und Ideen — eine *Persona* (Maske) statt eines lebendigen Wesens —, und darum ist die Bühne der „guten Stube" der Hauptraum in den Wohnungen einer Kultur, die sich eindeutig dieser Illusion verschrieben hat.

Wir ziehen uns in die „gute Stube" oder das Wohnzimmer zurück, um uns von unserer eigenen biologischen Existenz abzusetzen. Sich solchermaßen abzusetzen entspränge einer ehrlichen Absicht, wenn der fragliche Raum eine Bibliothek wäre, ein abseits gelegener Ort für das Geistesleben. Aber bei einer Nation wie der amerikanischen, die über nicht viel mehr als tausend vollwertige Buchläden verfügt, sind nur wenige Wohnzimmer eine Bibliothek. Im großen und ganzen ist der zentrale Hauptraum des Hauses ungeheure Platzverschwendung, vollgestopft mit schweren, unförmigen, teuren Möbeln, die nur dazu da sind, den ungelenken, klapprigen Gestellen der Leute Halt zu bieten, die sich ihres Körpers schämen.

Fangen wir mit den Stühlen an. Ein Stuhl ist eigentlich das Zubehör für einen Tisch, und ein Tisch ist eine saubere, erhöhte Fläche, auf der man Mahlzeiten serviert, damit man weder über das Geschirr stolpert noch von ungesitteten Hunden, Katzen und Kleinkindern beim Essen gestört wird. Steht hingegen der Stuhl einsam in einem Wohnzimmer, wirkt er wie ein absurder Thron, wie eine Art Prothese für Körper, die sich dem Fußboden nicht anpassen können. Was die wulstigen Formen von überreich gepolsterten Sesseln und Sofas angeht, möchte man meinen, sie wären als Behälter zur Versendung von Vogel-Rock-Eiern ersonnen worden. Die ganze Entspannung und Bequemlichkeit, die sie verheißen, werden zunichte durch die Anstrengung, wenn man sie zum Zwecke des Staubsaugens herumwuchten muß, ferner durch ihren Kaufpreis und durch die Kosten, die der Transport dieser Ungetüme beim Umzug verursacht. Wie gut sie auch mit Kissen und Tressen getarnt sein mögen, ihr ästhetischer Wert entspricht ungefähr dem von Geschützlafetten.

Ähnliches gilt übrigens auch für die meisten Betten mit ihren plumpen Kopf- und Fußteilen und den dichten Arabesken von Drähten und Sprungfedern, auf denen überdimensionierte Matratzen ruhen. Sie erfordern eine zusätzliche Platzverschwendung in Form trostloser Schlafzimmer, die gerade genügend Raum freilassen, damit man bei der unangenehmen Arbeit des täglichen Bettenmachens nicht eingequetscht wird. Mir schwebt für Ruhe und Erholung als Ideallösung eine große, mit Fenstern versehene Kammer vor, deren Boden ganz und gar mit Schaumgummi ausgelegt und mit Teppichen bedeckt ist. Begibt man sich zur Ruhe, werden nach japanischer Art Kissen und Matten (oder Heizdecken) auf den Boden gelegt und am Morgen wieder in Wandschränken verstaut.

Ganz offensichtlich verraten unsere Wohnungen den gleichen Mangel an Materialsinn und biologischer Intelligenz wie unsere Küche und Bekleidung. Sie sind auf Marionetten zugeschnitten statt auf lebendige Organismen. Dabei ziehen diese Marionetten nicht einmal eine gute Show ab; sie imitieren eher schlecht als recht den Lebensstil feiner Damen und Herren aus einem Zeitalter, in dem es reichlich Platz und massenweise Sklaven gab, in dem Aristokraten unter dem Einfluß des christlichen Puritanismus stolz darauf waren, wenn sie es nicht nötig hatten, sich mit Kochen oder gewissen anderen unaussprechlichen biologischen Aktivitäten zu befassen. Dieser Lebensstil ist genauso überholt und antiquiert wie die Knöpfe an unseren Mantelärmeln.

Da ich selber das Produkt eines ehrgeizigen Spießbürgertums bin, habe ich mich jahrelang mit der Illusion herumgetragen, man müsse etwas „Besseres" im Leben erreichen als nur materielle Fertigkeiten zur Aufrechterhaltung und Verschönerung der menschlichen Existenz. Dieses „Bessere" ist stets intellektueller, abstrakter, symbolischer Art: ein Schriftsteller zu sein, ein Geistlicher, Jurist, Politiker, Bankier, Professor oder Philosoph — alles, was meine *Hände* aus dem Leben heraushalten würde. Ich für meine Person bin darüber nicht weiter verbittert; es muß nun einmal auch Intellektuelle geben, und ich glaube, ich habe meine Sache ganz gut gemacht, bezweifle jedoch, daß ich auch nur einen Monat im „Naturzustand" überleben könnte ohne die Hilfe kräftiger, kundiger Landmenschen. Sein Leben dem Intellekt, der Bildung und der Wissenschaft zu widmen hat seine Berechtigung, wie viele andere Berufe oder — wenn man so will — Kasten. So starr und anachronistisch das hinduistische Kastensystem auch geworden ist, war es doch einst auf die durchaus vernünftige Überlegung gegründet, daß ein Gemeinwesen Intellektuelle *(Brahmanen)*, Statthalter und Soldaten *(Kshatriyas)*, Händler und Geschäftsleute *(Vaisyas)* sowie Arbeiter und Hilfsarbeiter *(Sudras)* braucht. Was aber, wenn *jeder* nach intellektueller Lebensart strebt oder zu solchem Streben angehalten wird? Das bringt alle in die gute Stube und keinen in die Küche.

Meine Antwort lautet: „Zurück in die Küche!" Sie sollte das Herz der

Wohnung werden und die Rolle des Wohnzimmers übernehmen, das dann überflüssig würde. Die praktische Schwierigkeit ist nur die, daß kein Mensch in unsere heutigen Küchen zurück möchte — zu aufgetürmtem schmutzigem Geschirr, Resopaltischen, chromblitzenden Apparaturen, badewannenartigen Spülbecken, klobigen schwarzweißen Herden und riesigen Kühlschränken, die stromlinienförmig genug sind, um mit 300 Stundenkilometern durch die Luft zu sausen. All das auf engstem Raum und unter dem Motto: „Essen muß sein." Ich will allerdings einräumen, daß sich zumindest im äußeren Erscheinungsbild die Küchenutensilien in jüngster Zeit zum Besseren gewandelt haben (und beträchtlich teurer geworden sind), aber trotzdem sind britische und amerikanische Küchen in der Mehrheit noch immer ein Beispiel für „funktionale Häßlichkeit", nicht etwa, weil die Mittel fehlen, sondern mangels Phantasie.

Der erste Schritt zur Besserung ist, wie uns viele Architekten etwas halbherzig gezeigt haben, die Wand zwischen Küche und Wohnzimmer zu entfernen. (Ich schreibe hier nicht für die wenigen, die von Grund auf neu bauen können, oder für die, die sowieso schon weiträumige Küchen haben. Sie werden gleich sehen, wie sie sich meine Vorschläge für den eigenen Bedarf zunutze machen können.) Der zweite Schritt geht dahin, einen kleinen Bereich für die Spülküche abzuzweigen und mit einem Brett oder Regal für schmutziges Geschirr sowie einer Spülmaschine auszustatten. Wenn möglich, sollten hier auch Waschmaschine, Trockner und Tiefkühltruhe Platz finden. Jetzt kommt es darauf an, Küche und Wohnzimmer funktionell und ästhetisch miteinander zu einem einzigen Raum zu verschmelzen, wo sowohl Kochen als auch Essen, Trinken, Reden, Singen, Tanzen oder Musikgenuß am Platz sind.

Weniger mutige Architekten trennen den Küchenbereich durch eine Theke oder „Bar" vom Wohnbereich. Auch das hat einiges für sich, wenn diese Theke mehr als nur ein Gestell zum Getränkeservieren oder Frühstücken ist. Immerhin hat es den Vorteil, daß der Koch, ob Frau oder Mann, während der Zubereitung bei Gästen oder Familie bleiben kann. Die Hauptsache aber ist und bleibt, daß beim Zugucken und Schnuppern der Appetit aufs angenehmste angeregt wird. Darin liegt die Anziehungskraft des amerikanischen Barbecues und der kleinen japanischen Restaurants für *Tempura* (Krabben und Gemüse, in Fett ausgebacken), *Yakitori* (holzkohlengegrillter Kebab auf Bambusspießen) und *Sushi* (kleine Scheibchen gekühlter, ganz frischer roher Fisch auf Kissen aus mariniertem Reis, die manchmal noch in papierdünnen Seetang eingewickelt sind). Das macht auch den Reiz solcher am Tisch zubereiteten Gerichte wie *Sukiyaki* und *Mizutake* aus (beim ersten werden Fleisch oder Fisch und Gemüse rasch gebraten, beim zweiten langsam geköchelt) und der ihnen vergleichbaren Schweizer Gerichte wie Käsefondue und *Fondue bourguignonne*, wobei Sauerteigbrotstücke in einen Topf mit heißem geschmolzenem Käse oder rohe Rindfleischwürfel in siedendes Öl getunkt werden. Wenn also die Küche unbedingt durch eine „Bar" vom Eßplatz getrennt werden soll, dann plaziert man diese am besten längs neben Herd, Grill und Hackbrett, die alle unter einer Dunstabzugshaube vereint sind. Hier können Familie und Gäste einen Saft oder Aperitif schlürfen, und das Wasser wird ihnen im Munde zusammenlaufen bei all den Düften, Augenfreuden und Ritualen der Essenszubereitung. (Man beachte beiläufig, daß der problematische „Küchendunst" unter den Händen eines Kochs, der vom gnadenlosen Zerkochen der Gemüse und der Wiederverwendung alten Öls Abstand nimmt, gar nicht erst entsteht.) Suppen- und Saucengrundlagen sollten bereits im Laufe des Tages, lange vor Eintreffen der Gäste, zubereitet werden.

Insgesamt sollte die Küche mehr an einen Delikatessenladen erinnern als an einen Operationssaal. In der Mitte empfiehlt sich ein großer Tisch mit glatter, saubergescheuerter Holzplatte, der sowohl zum Essen als auch zum Zubereiten dient. Außerdem müßten, zumindest in meiner Idealküche, Zwiebelzöpfe, Dauerwürste, Käselaibe, eingepackt in Wachs oder Stoff, und Korbflaschen voll spanischem und italienischem Wein von den Deckenbalken herabhängen. Und wie kein echter Bücherwurm seine Bücher in Schränken versteckt, sollte man sich auch nicht die Augenweide der Grundnahrungsmittel, die keine Kühlung brauchen, versagen. Mehl, Zucker, Salz, Reis und andere Getreide kann man in verschlossenen Glasbehältern aufbewahren, vorzugsweise in solchen, wie sie in Laboratorien verwendet werden. Gewürze, Eingemachtes, Schachteln und Flaschen in offenen Regalen, allenfalls durch Glasschiebetüren vor Staub geschützt, dienen als Wandschmuck. Das ist von praktischem Nutzen, denn damit vermeidet man unsinniges Herumsuchen in Schränken, an deren offenen Türen man sich zu allem Überfluß auch noch den Kopf stößt, und kann statt dessen auf einen Blick die Vorräte ausmachen und überprüfen. Kasserollen, Schmortöpfe und andere nützliche Gerätschaften wie Pfannenmesser, Kochlöffel, Gabeln, Siebe, Spieße und Schneckenpfannen sollten wohlgeordnet an Wandhaken hängen und nicht etwa in Schubladen versteckt werden.

Dulde kein Zubehör in der Küche, das nicht in irgendeiner Weise ein Kunstwerk ist, nimm keine verschnörkelten, sondern formschöne Geräte, wie Zitronenholzlöffel bester Qualität aus Italien, emaillierte Kasserollen aus Schweden, Küchenmesser aus Solingen, Terrakottaschüsseln aus Mexiko, schwere Kupfertöpfe aus England oder einen guten chinesischen *Wok* (zum Pfannenrühren) mit zugehöriger Palette und Löffel. Blech- und Plastikgeräte von Woolworth oder aus einem Supermarkt sind so fehl am Platz wie eine Hammond-Orgel in einer Kathedrale. Hüte dich aber vor einem Zuviel an Maschinen — insbesondere solchen, die mehr Zeit zur Reinigung erfordern, als sie bei Benutzung einsparen, wie zum Beispiel dem „elektrischen Erbsenschotenöffner für den perfekten Koch".

Unaufhaltsam schreitet das elektrische Zeitalter voran, mit jener Zauberkraft, die zum Kühlhalten oder zum Antreiben eines Mixers durchaus sinnvoll sein mag. Zum Kochen ist sie jedoch, rein technisch gesehen, weniger brauchbar als Gas oder Holzkohle. Bei Elektroherden kann die Hitze nicht so schnell reguliert werden wie bei Gas, einen Saucentopf muß man von der heißen Platte nehmen und anderswo hinstellen. Mir ist ein Tisch-Gaskocher aus rostfreiem Eisen lieber, und dazu ein Backofen mit eingebautem Grill und Sichtfenster auf einem gut meterhohen Sockel, der mir erspart, auf dem Fußboden herumzukriechen, wenn ich den Truthahn begießen will, oder mich niederzuwerfen, um ein Steak zu begutachten. Mikrowellenöfen, in denen ein Braten in Sekundenschnelle gar wird, mögen vielleicht zum Gemüsegaren noch angehen, aber ansonsten sind sie genau die Greueldinger, die an dem heutigen Flugzeug- und Krankenhausfraß schuld sind. Für sie ist kein Raum in kultivierten Küchen, und die durchwärmten Produkte, die sie liefern, sind die gerechte Strafe für Hast.

Auf einer Seite des Herdes würde ich einen Holzkohlengrill oder einen japanischen *Hibachi* (der größere Typ mißt etwa 30 mal 50 cm) aufstellen, denn bei entsprechender Ventilation braucht das Grillen auf einem Holzkohlenfeuer keine Freiluftsache zu bleiben. Meine Freundin Sumire Jacobs, Japanerin und zweifelsohne eine der besten Amateurköchinnen von Kalifornien, hat direkt neben ihrem Herd einen *Wok* fest installiert, und ich bin mittlerweile davon überzeugt, daß diese große Bratpfanne mit gewölbtem Boden in jede Küche gehört, denn keine Zubereitungsmethode kommt dem chinesischen Pfannenrühren gleich, bei dem Gemüse ein bis drei Minuten lang in einer kleinen Menge heißen Sesam- oder Sojaöls geschwenkt wird. Der *Wok*, zu dem ein innen oder oben aufliegender Deckel gehört, steht auf dem Feuer in einem Metallring, in dem er frei nach allen Seiten gedreht werden kann; die Chinesen verwenden ihn für unzählige verschiedene Gerichte. Er ist das vielseitigste Kochgefäß.

Küchen haben in der Mehrzahl äußerst unzulängliche Hackbretter — kümmerliche kleine Platten, die über einer Schublade vorgezogen werden oder an der Wand hängen. Dabei kann man in den meisten Holzhandlungen solide, schwere Holzbretter von ordentlichem Format kaufen, zusammengeleimt aus 2 cm dicken, quer zur Maserung geschnittenen Hartholzriegeln und feingeschmirgelt. Mindestens ein Quadratmeter der Arbeitsfläche sollte aus diesem Material bestehen, im Idealfall sogar alle Nutzflächen bis auf das Abtropfbrett an der Spüle, das am besten gekachelt oder aus Edelstahl sein sollte. Gegen Resopaloberflächen mit verchromten Kanten spricht, daß alles, was mit solchen Fremdstoffen in Berührung kommt, an Geschmack verliert, wenigstens für empfindliche Gemüter.

Aber wie verhält es sich ganz allgemein mit Kunststoff? Es geht das Gerücht, aus Plastik könnten sehr schöne Sachen hergestellt werden. Die Kunststoffe jedoch, die in die Küche Einlaß finden, sind normalerweise abstoßend in der Farbe, abscheulich in der Form und fühlen sich darüber hinaus widerwärtig an. Ich fasse da beispielsweise eine viereckige Abwaschschüssel einmal näher ins Auge, etwa 40 x 40 cm groß und 20 cm tief. Sie ist an allen Ecken und Kanten abgerundet und am oberen Rand wabbelig nach außen gerollt, als stünde sie im Begriff, sich umzustülpen. Das Material ist ziemlich weich, und wenn man die gefüllte

Schüssel anhebt, gibt sie an einer Seite nach und schwappt über. Das Zeug fühlt sich wie dickes, kaltes, fettiges Leder an, nur bleibt das Fett nicht an den Händen kleben. Eher kommt der Verdacht auf, daß molekülgroße Teilchen in die Poren der Hände eindringen. Die Farbe ist ein bleiches Staubgrün, das gern fluoreszieren würde, wenn es nur könnte. Ein Freund von mir, seines Zeichens Künstler, hat einmal gesagt: „Es gibt zwei Arten von Grün: grün und verdammt grün." Dieses Grün ist nicht das zarte Grün von Frühlingsblättern, durch die Sonnenlicht leuchtet; vielmehr ist es ein Seekrankheits- oder Leichengrün, nicht unähnlich der Gesichtsfarbe von Leuten, die bei makrobiotischer Diät zu überleben versuchen oder ausgerechnet mit britischer oder amerikanischer Normalkost Vegetarier sein wollen.

Gegenstände der oben beschriebenen Sorte gibt es auch noch in Wackelpeterrosa, Hepatitisgelb und Babyseifenblau. Plastikschüsseln in der letztgenannten Farbe sind inzwischen in allen Badezimmern Japans zu finden, sie ersetzen die kleinen Holzbottiche, mit deren Hilfe man sich wusch und übergoß, ehe man sich genüßlich im heißen Bad ausstreckte. Japan ist leider mittlerweile plastikverseucht. Die Flutlinie an den öffentlichen Stränden, einstmals eine gewundene Spur aus Tang, Treibholz und Muscheln, ist jetzt ein langgezogener Müllhaufen aus zerfetzten Plastiktüten, ausgequetschten Kunststoff-Flaschen, aufgequollenenen Schuhen und weggeworfenem Spielzeug — kilometerlang nur Plastik, und alles durch die Kraft der Elemente praktisch nicht auflösbar. Die japanische Liebe zur Natur! Es gibt dort sogar Sofaschoner aus Plastik, mit weißem Spitzenmuster bedruckt, die über die Lehnen von prall gepolsterten Sesseln gehängt werden. Man kann nur hoffen, daß das ein Schwanengesang ist, der letzte Atemzug, die endgültige *reductio ad absurdum* der japanischen Variante eines Bekleidungs- und Einrichtungsstils aus dem England König Edwards VII., mit dem sich das formelle, wohlerzogene, liebenswürdige Japan seit fünfzig Jahren lächerlich macht.

Alchimistisch steht Plastik in Beziehung zu der Salbe, mit der sich die Hexen einreiben mußten, ehe sie ihren Hexensabbat begingen. Sie konnten damit die göttliche Ordnung der Natur verletzen, indem sie sich in hundsköpfige Menschengestalten und ähnliche Monstren verwandelten, wie sie der Höllen-Breughel gemalt hat — Fisch-Fledermäuse, Spinnen-

Ratten, Stachelschwein-Schlangen, Tauben-Frösche. Die menschliche Materie wurde dabei zu einer unendlich formbaren Masse, die den perversesten Launen der Phantasie gehorchte. Plastik ist ein ebensolches Produkt negativer Materie-Vergeistigung: Es kann jede Form annehmen und sich in jedes gefühllose undefinierbare Etwas verwandeln. Bier und Wein aus Plastikbechern schmecken schal, selbst Wasser schmeckt so fade, als sei es destilliert worden. Auf Plastiktellern verflüchtigt sich der Fleischsaft eines Steaks im Nu, und Fisch, gleich welcher Art, mutiert ausnahmslos zu gekochtem Kabeljau. Aus Mangel an Gewicht und Masse schlittern diese Teller auf dem Tisch herum, und sie können nicht einmal vorgewärmt werden, weil sie dann zusammenschmelzen.

Plastik steht für den gesamten Pseudo-Materialismus der industriellen Zivilisation. Da es inzwischen auch in der Chirurgie als Ersatz für fehlende Körperteile Verwendung findet, dürfen wir wohl als sicher annehmen, daß die Leute eines Tages endlos leben werden, als Plastikreproduktionen ihrer selbst. Wenn wir alles, was wir über Mumien, Wachsfiguren und Formalinpräparate wissen, konsequent weiterentwickeln, werden wir einst fähig sein, den Körper mit einem Flüssigkunststoff zu impfen, der durch Venen und Kapillaren, Verdauungstrakt und Gedärme und schließlich die Nervenbahnen entlang zum Gehirn fließen wird, jedes Neuron und jede Zelle umschließend. Das so behandelte Individuum wird dann in ein Säurebad getaucht, wobei sich alles natürliche Fleisch auflöst und sich der Flüssigkunststoff durch ein der Säure beigemischtes Fixativ festigt, während das neue Herz mit synthetischem, säurefestem Blut versorgt wird — und in jenen Tagen wird die ganze Erde sich in ein großes *Disneyland* verwandeln.*

Denn Disneyland dient uns als „Mysterium und Symptom". Als Land der Imitation und Heimstatt des Scheins ist es der Prototyp einer kommenden Welt. Selbst die Vögel in den Bäumen sind aus Plastik und singen mit winzigen Lautsprechern aus aufgeklappten Schnäbeln. Rehe, Bä-

* Nach einer Prognose des Stanford-Forschungsinstituts wird die Provinz Orange, die Heimat von *Disneyland*, dereinst das Zentrum der neuentstehenden Mammutstadt Los Angeles/Südkalifornien werden.

ren, Elefanten und Häschen aus Plastik säumen die Ufer künstlicher Seen und Flüsse und wackeln mechanisch mit den Köpfen. Touristen fahren mit Booten durch künstliche Dschungelwälder und genießen mit Wonneschauern den Anblick eines Plastiknilpferds, das mit Platzpatronen abgeknallt wird, und einer lackierten Pappmachénachbildung des Robinson-Blockhauses, das fortwährend unter den Lautsprecherklängen einer Um-ta-ta-Band (auf einer Endloskassette) erzittert, die für immer und ewig „Pom-pitti bom-pitti pom-pitti bom-pitti" spielt. Obgleich es Stunden dauert, durch den ganzen Zirkus hindurchzukommen, ist nirgendwo ein ordentliches Restaurant — geschweige denn eine Bar — zu finden, denn hier regiert einzig die Coca-Cola-Kultur, wo man sich gefälligst von Hamburgern, heißen Würstchen, Eis, Popcorn und anderem *Fast-food* zu ernähren hat.

Die wahre Bedeutung Disneylands liegt darin, daß es enthüllt, wie wir uns Kinder vorstellen — was sie sind, was gut für sie ist und was ihnen gefällt. Kinder sind eine Sonderklasse menschlicher Wesen, die der industriellen Revolution ihr Dasein verdankt. Zu jenem Zeitpunkt nämlich haben wir damit angefangen, eine geschlossene Welt für sie zu erschaffen, eine Kinderzimmergesellschaft, mit deren Hilfe ihre Teilnahme am Erwachsenenleben immer länger hinausgezögert werden konnte — um sie vom Arbeitsmarkt fernzuhalten. Kinder sind in Wirklichkeit kleine Erwachsene, die so schnell wie möglich an der Welt der Erwachsenen teilhaben und durch eigenes Tun lernen wollen. In der geschlossenen Kinderzimmergesellschaft hingegen werden sie angehalten, durch Simulation zu lernen, indem sie nur so tun als ob, und für diese Kränkung ihres Gefühls und ihrer Intelligenz werden sie mit Spielzeug besänftigt und mit Babysprache hypnotisiert. So wird ihnen das Phantasiegebilde einer glücklichen, sorglosen, sonnigen Kindheit vorgetäuscht, in der man den lieben langen Tag „spielend" (soll heißen: ohne zu arbeiten) zubringt. Diese neurotische Unterdrückung des Wachstums kommt sichtbar zum Ausdruck in der kindlichen Spielzeugwelt aus Plastik und Blech, aus miniaturisierten Gewehren, Flugzeugen, Autos, Küchenherden, Tischgeschirren, Arztköfferchen und Weltraumraketen, die alle nicht richtig funktionieren, aber die Kinder gerade genug faszinieren, damit sie den Erwachsenen nicht im Wege stehen. Da vergeht doch jeder Vorstadthausfrau zwangsläufig die Lust zum Dinnerkochen, wenn sie nachmittags um fünf erst einmal einen langwierigen, ermüdenden Kampf auszufechten hat mit ihrer Brut, die um diese Tageszeit die Wrackteile des ganzen Plunders überall im Hause verstreut hat und nun gezwungen werden soll, die Überreste wieder aufzusammeln und in dauerlutscher- und kaugummiverklebte Schränke und Schubladen zu werfen.

In Wahrheit ärgern sich die Kinder über ihre Kinderzimmerwelt, haben aber keine Gelegenheit, da herauszukommen. Sie können nicht bei der Arbeit ihres Vaters mitmachen, weil er weggeht — ins Büro oder in die Fabrik. Die meisten Mütter scheuchen ihre Kinder aus der Küche: Die ist zu klein für alle, und sie selbst sind abgehetzt und erledigt von der nervenden Aufräumschlacht oder weil sie verspätet von einem nachmittäglichen Bridgespiel oder einem Halbtagsjob nach Hause gekommen sind. Eine häufig praktizierte Lösung ist die, die Kinder, bevor der Vater zum Essen heimkommt oder Gäste eintreffen, abzufüttern, wobei ihr Geschmackssinn versaut wird mit Würstchen und Eis, mit Coca-Cola hinuntergespült, dieweil die lieben Kleinen wie hypnotisiert vor dem Fernseher hocken und sich Blödel-Ottos oder irgendwelche Gemetzel reinziehen.

Mein Vater ging auch weg ins Büro, außer einer Zeitlang während der Depression; da hielt er zu Hause Kaninchen und erlaubte mir, ihm zur Hand zu gehen. Meine Mutter aber schickte mich nie aus ihrer viel zu kleinen Küche. Wann immer es möglich war, ließ sie mich ein wenig helfen, und sonst konnte ich durch bloßes Zuschauen manches aufschnappen.*

Ich brauchte nie ernsthaft selber zu kochen, bis ich 34 war und ein Jahr lang allein lebte, und da merkte ich, daß mir diese Kunst irgendwie im Blut lag. Ein oder zwei Jahre später, als ich den Winter in einem Bauernhaus in New England verbrachte, in dem die Küche der einzige warme Raum war, bin ich richtig ans Kochen gekommen, und daran hat sich

* Sie ging unter ihrem Mädchennamen Emily Mary Buchan als Schriftstellerin in die Geschichte ein, mit *Easy Dishes for Small Income* („Einfache Gerichte für schmale Geldbeutel"), Routledge, London 1910.

seitdem nichts mehr geändert. Ich schreibe am liebsten von 6.30 Uhr morgens bis 4 Uhr nachmittags, und dann schalte ich vom Abstrakten auf das Konkrete um und begebe mich zum Einkaufen. Was hat der Markt heute fürs Abendessen zu bieten? Küchenarbeit holt mich von intellektuellen Höhenflügen zurück und stellt den Kontakt zu den erdhaften Dingen wieder her. Meine Frau, selbst eine hervorragende Köchin, überläßt mir gutwillig das Küchenregiment; meist räumt sie auf, während ich loslege.

Da wir in einem ausgedienten Fährboot wohnen, hat die Küche noch immer Ähnlichkeit mit einer Kombüse. Selbst hier finden Gäste mit ihren Cocktails ein Plätzchen, um bei der Essenszubereitung zuzuschauen, und ich als geborener Angeber habe nichts dagegen einzuwenden. Eine attraktive Küche ist offenbar ein Kraftzentrum, zu dem sich Menschen hingezogen fühlen: Jeder will wissen, „was für ein Süppchen da kocht". Die Küche ist kein reiner Nutzraum; hier haben Skulpturen, Gemälde und Pflanzen ebenso ihren Platz wie im ganzen übrigen Haus. Ich habe auch mit den Normfarben Weiß und Braun gebrochen und sie durch königliches Purpurrot, Kobaltblau und Smaragdgrün ersetzt. Über den Herd habe ich ein Bild des neungesichtigen Vishnu gehängt — dessen, der „strahlend im Innern alles Seienden wohnt".

Die Küche ist ein Ort der Verwandlung, der Alchimie, und als solcher sollte sie eine magische Atmosphäre ausstrahlen — vielleicht durch einen Schrein, der dem jeweiligen Schutzgott geweiht ist, oder seltsame Objekte und Gebrauchsgegenstände aus fernen Ländern. Ich mag es, wenn mich eine Küche an die Werkstatt eines Alchimisten erinnert, wie sie in *Tausendundeine Nacht* beschrieben ist:

> Chinesische und indische Drogen, Medikamente in Blatt- und Pulverform, balsamische Pasten, Pomaden, Augenwasser, Salben und köstliche Spezereien . . . vielerlei Gewürze und tausenderlei Aromastoffe, Moschus, Ambra, Weihrauch, Mastix in durchsichtigen Tropfen, ungeläutertes Benzoeharz und Essenzen jeder Duftnote, Kampfer, Koriander, Kardamon, Nelken, Zimt aus Serendibis, Tamarinde und Ingwer aus Indien und ein Maß jener dünnschaligen, fleischigen Oliven, die voller Saft und von der Farbe gelben Öls sind.

Jeder weiß natürlich, daß die Einwohner von Serendibis (Sri Lanka) und Kaschmir, Sikkim und Samarkand, Tahiti und Taschkent ihr Leben ebenso prosaisch einschätzen wie wir das unsrige. Für sie besitzen Namen wie London und Paris, New York und San Francisco einen magischen Klang — wie auch für viele von uns. Die Magie von exotischen Dingen und Orten ist eine Projektion der eigenen Vorstellung, und das offenbart immerhin, daß es so etwas wie Einbildungskraft noch gibt oder besser gesagt: die Kraft, magisch zu denken und Magie auszustrahlen. Ich bin ein Romantiker mit einem Hang zum Exotischen, und ich erträume mir, ohne mich dessen im geringsten zu schämen:

Eine Galeere von Ninive aus dem fernen Ophir,
heimwärts rudernd zum Hafen im sonnigen Palästina
mit einer Ladung aus Elfenbein
und Affen und Pfauen,
Sandelholz, Zedernholz und süßem weißen Wein.

Ich bin mit mir übereingekommen, daß ich mich, falls ich ein Alter von siebzig Jahren erreichen sollte, auf einen Berghang in der Nähe des Meeres zurückziehen und einen kleinen Kräutergarten bestellen werde — Küchengewächse, Heilkräuter und psychedelische Pflanzen. Neben dem Garten will ich eine Scheune aus Rotholz bauen, in der Kräutersträuße zum Trocknen von den Balken hängen und wo sich auf langen Regalen Gläser und Flaschen mit Bittersüß und Indischer Narde, Ginseng und Aloeholz, Männertreu, Mandragora und Cannabis, Poleiminze, Andorn und Mädesüß aneinanderreihen. Auch eine alchimistische Küchenwerkstatt mit Bibliothek will ich da haben, und wenn mich die Welt zu hart bedrängt, wird meine Frau unerwünschten Besuch abweisen mit den Worten aus Chia Taos Gedicht „Vergebliche Suche nach dem Einsiedler":

Der Meister ging allein
Kräuter sammeln am Berg,
Wolkenverloren, keiner weiß wo.

Kleider — an und aus

Zeit meines Lebens habe ich mich gegen die verschiedenen Ausstaffierungen aufgelehnt, die mir von Amts wegen oder durch Modeströmungen aufoktroyiert worden sind. Schuld an der Staffage sind in erster Linie die Briten, die in Sachen Herrenbekleidung den Ton angeben und der Menschheit die albernsten und unbequemsten Kleidungsstücke aufgehalst haben, die je ersonnen wurden. Von Beau Brummel bis zu den Schneidern von Saville Row und Bond Street haben britische Modemacher ihre lächerlichen Uniformen aus Tweed und Kammgarn in die ganze Welt verkauft. Sie haben die Japaner ihrer Kimonos beraubt, die Ceylonesen ihrer Sarongs, die Inder ihrer Dhotis und die Araber ihrer Kaftane — ein japanischer Geschäftsmann sieht heutzutage aus, als stecke er in einem viel zu großen Sack, und bei offiziellen Anlässen erscheint er in einem rundschößigen Frack oder Morgenrock und gestreiften Hosen aus der Zeit König Edwards VII. Da die Japaner relativ kurz geraten sind, insbesondere ihre Beine, reichen die Frackschöße bis weit über die Kniekehlen hinab, und man wartet förmlich darauf, daß die Leute herumhüpfen und krächzen.

Ich habe meine Lektion gelernt, denn ich bin in England geboren und zur Schule gegangen. Als ich in ein Internat geschickt wurde, steckten sie mich in einen Eton-Anzug. Diese maßgeschneiderte Katastrophe besteht aus engen dunkelgrauen Hosen, einer Weste bzw. einem Wams mit Aufschlägen und stoffbezogenen Knöpfen sowie einer schwarzen Munkijacke, auch „Arschkühler" genannt, die ganz offensichtlich nur zu dem

Zweck erschaffen wurde, die Hinterteile kleiner Jungen prügelfreundlich zu bekleiden. Die Hosen wurden durch Hosenträger hochgehalten, die Socken durch Sockenhalter. Das Hemd war für gewöhnlich aus gräulichweiß gestreiftem Flanell, und daran war ein riesiger gestärkter weißer Kragen geknöpft, der über dem Jackett getragen wurde. Dazu gehörte entweder ein schwarzer Zylinder oder eine „Kreissäge" mit einem Band in den Farben der Schule. Unseres war lachsrosa mit einer weißen Wappen-Lilie über der Stirn. Diese Ausstattung hatte absolut nichts für sich, sie war weder praktisch noch ästhetisch. Sie war im Sommer zu warm und im Winter zu kalt. Die gestärkten Kragen waren schon nach einer Stunde Tragen schmuddelig und verknittert. Der Strohhut flog bei jedem Windstoß davon und mußte dann mit einem stutzerhaften Hutband gesichert werden — einer dünnen schwarzen Kordel, die zwischen Hutkrempe und Rockaufschlag baumelte.

Sobald wir eine Größe von 1,70 m erreicht hatten, wechselte die Uniform in schwarzgestreifte Hosen mit schwarzer Marlborough-Jacke (dem normalen Jackett für männliche Erwachsene), und der Eton-Kragen wurde durch einen gestärkten Kragen mit umgeklappten Ecken ersetzt, wie man ihn zum offiziellen Abendanzug zu tragen pflegte, und dazu kam noch eine schwarze Seidenkrawatte. Auf der Straße trugen wir Handschuhe und Spazierstöcke mit silbernen Knäufen oder ordentlich zusammengerollte Regenschirme. Dieser Aufzug war genauso albern.

Ich will einmal die britisch inspirierten Bekleidungstorheiten der westlichen Männerwelt auflisten:

1. Hosen sind der männlichen Anatomie völlig unangemessen, ja eine Beleidigung dafür, denn sie ignorieren das *Membrum virile*. (In welches Hosenbein steckt man es?) Sie eignen sich besser für wohlgeformte Frauen.

2. Jacketts haben eine ausgesprochen ungünstige Form, was das Zusammenfalten und -packen betrifft, und kommen unweigerlich faltig und zerknittert aus dem Koffer. Worin der praktische Nutzen von Rockaufschlägen oder aufgesetzten Ärmelknöpfen liegen soll, weiß kein Mensch; die Knöpfe sind ein Überbleibsel aus der Zeit schmucker Uniformen und prangten damals reihenweise auf den Ärmeln, um deren Zweckentfremdung zum Naseschneuzen zu vereiteln.

3. Der Herrenanzug vergewaltigt die Natur von Tuch, indem er das Material zwingt, sich der Körperform anzupassen. Gewebte Stoffe sind grundsätzlich rechteckig und haben es gar nicht gerne, wenn sie in eine zylindrische, konische oder runde Form gepreßt werden. Sie wollen lieber lose hängen, und läßt man sie, zeigen sie sich dankbar, indem sie dem Träger Würde und natürliche Anmut verleihen.

4. Das allgemein übliche weiße Hemd kann ausschließlich von einer gelernten Waschfrau zusammengelegt werden. Ferner hat es die unleidliche Neigung, aus dem Gürtel herauszurutschen und über den Hosenbund zu hängen. Kein Mann sollte jemals lächerlich in irgendeinem Bekleidungsstück wirken; ein Mann indessen, der im Hemd dasteht, bietet einen unschönen Anblick, besonders, wenn er auch noch schwarze Socken mit Sockenhaltern anhat.

5. Der Schlips, selbst wenn er farbenfroh ist, ist eine Art heilige Kuh. Er ist eine Schlinge, die schnelle Selbststrangulierung garantiert, eine Geste der Unterwerfung. Restaurants, die Personen ohne diesen sinnlosen Stoffstreifen den Eintritt verwehren, bringen sich damit um die wachsende Zahl „gutbetuchter" männlicher Kunden, die eine unkonventionelle, farbigere Kleidung bevorzugen.

6. Derbe Lederschuhe, insbesondere jene harten, glänzenden, unbiegsamen Exemplare britischer Machart, sind unnützer Ballast, den man beim Gehen schleppen muß. Sie engen die Bewegungsfreiheit des komplexen Knochengerüsts der Füße ein und verursachen, wenn sie die Füße luftdicht umschließen, Schweiß, Gestank, Fußpilz und eine schwärzliche Schmiere zwischen den Zehen, die sich aus abgestorbenen Hautpartikeln und Sockenfusseln zusammensetzt. Wir nannten das Zehenmus.

7. Gestärkte Kragen oder Manschetten sind ein Greuel. Ein Glück, daß wir nicht länger dazu genötigt sind, unter dem Gesellschaftsanzug eine gestärkte Hemdbrust zu tragen, aber man ist doch erstaunt, daß Männer überhaupt jemals eine derart steife Tracht ausgehalten haben.

Alles in allem schnürt die herkömmliche Herrenbekleidung ein: Sie ist eng, steif und beklemmend, und doch sind wir so daran gewöhnt, daß viele Leute einen Anflug von Schuldgefühl haben, wenn sie etliche Stunden nach dem Aufstehen noch immer in einem losen Gewand herumlaufen. Erst Kragen, Schlips, Gürtel, Hosen, Schuhe und enganliegendes

Jackett rücken dir mit der Information auf den Leib, daß du wirklich und wahrhaftig *da* bist. Als wenn du das nicht wüßtest. Manche Leute holen sich ihren Kick, indem sie sich auf Nagelbetten legen, auf Knien durch die Basilika von Guadalupe rutschen, eine schwedische Massage durchstehen oder sich anderen masochistischen Vergnügungen hingeben, sich zum Beispiel in unerträglichen Positionen fesseln und mit Federn kitzeln lassen. Ich will niemandem die Freiheit nehmen, all diese Möglichkeiten auszunutzen, um sich seiner Wirklichkeit bzw. seines „authentischen Daseins" zu vergewissern, aber ich habe etwas dagegen, wenn wir andern alle in Mitleidenschaft gezogen werden — nämlich in feinen Restaurants, auf streng konventionellen Partys und bei Geschäften außer Haus groteske Kleidungsstücke tragen müssen, die einem jede Bequemlichkeit und Freiheit rauben und wenig oder gar keine ästhetische Phantasie beweisen.

Und was ist mit unserer Damenbekleidung? Rein äußerlich scheint sie lockerer und bequemer wie auch farbenfreudiger zu sein — wenn man nicht gerade auf dezentem Schwarz mit Perlenkette besteht. Nehmen wir die Sache mal von den Füßen an unter die Lupe.

1. Hochhackige Schuhe, insbesondere solche aus Lackleder mit langen, scharfen Spitzen, sind offenbar von Fußfetischisten ersonnen worden, die sich nur dann sexuell erregen, wenn ihnen ihre Frau mit diesem unheilvollen Schuhwerk im Mastdarm herumbohrt oder in den Bauch tritt. Und *woran* erinnert uns das doch gleich? An einen Cadillac, dessen eines Ende auf einem enorm langen Wagenheber schwebt? Eine Sitzbadewanne auf einem Konzertflügelbein? Einen Hirschkäfer mit einer ungeheuren Erektion? Diese Schuhe, speziell in Verbindung mit engen Röcken, zwingen die Frauen dazu, wie mechanisch „Schrittchen für Schrittchen" einherzutrippeln und auf dem Pflaster nervtötend zu klappern. Ein natürlicher, freier Mensch macht beim Gehen keinen Lärm.

2. Nylonstrümpfe sind die unpraktischste Beinbekleidung aller Zeiten. Beim leisesten Kratzer gibt es Laufmaschen; sie sind fuddeliger, teurer Tand, der überdies ergänzt werden muß durch

3. einen Strumpfgürtel oder ein elastisches Miederhöschen mit Strapsen und Befestigungsvorrichtungen, welche die besagten Strümpfe am Platz halten. Die weibliche Rüstung in Form von Schnürkorsetts mit

Fischbeinstäben ist zwar allgemein passé, aber trotzdem fühlen sich viele Frauen nach wie vor nackt und schlaff ohne den sanften Halt, den der Strumpfgürtel ihren Hüften und Hinterbacken gewährt. Sie sollten sich jedoch klar darüber sein, wenn sie sich vor ihren Männern oder Liebhabern ausziehen, daß ihre Haut von diesem unsinnigen Bekleidungsstück Fischbeinabdrücke und verschiedene andere Dellen und Druckmuster zurückbehalten hat. Warum schämen sich Frauen überhaupt der üppigen Ausmaße ihrer *Jaghana* (wie die indische Bezeichnung für diese gesamte Körperregion lautet), die doch bei einer schlanken Taille besonders anziehend wirkt?

4. Der Büstenhalter ist ein chirurgisches Hilfsmittel, das allenfalls Damen mit extremem Hängebusen brauchen, das ansonsten jedoch völlig nutzlos ist, es sei denn, es versteckt eine Attrappe zum Ausgleichen allzu kleiner Brüste.

(Eben wirft meine Frau einen Blick über meine Schulter und behauptet, die Frauen besonders der jüngeren Generation würden diese abscheulichen Dinger nicht mehr tragen. Daran zeigt sich immerhin, daß ich nicht auf verlorenem Posten kämpfe und hier wie in vielen andern Dingen die Jüngeren unerwartet gutes Gespür beweisen.)

5. Es gibt eine gewisse Art von Damenoberbekleidung, die äußerst treffend als Kittelkleid bezeichnet wird. Normalerweise ist es aus fummeliger blumenbedruckter Kunstseide, und der Rock reicht bis knapp über die Knie. An älteren Damen (vorwiegend *sie* tragen solche Kleider) mit quellenden Fettpolstern wirkt es wie eine entwürdigende, peinliche Reminiszenz an längst verflossene Jungmädchentage. Meist ist auch noch ein Hut dabei, der an eine flachgepreßte Hortensienblüte gemahnt. Meine Damen, lassen Sie doch bitte die Finger davon!

6. Damenkleider werden im allgemeinen von ärgerlichen kleinen Schikanen zusammengehalten — Reißverschlüssen an unerreichbaren Stellen, winzigen Druckknöpfen und Häkchen, deren zugehörige Öse oft nur eine mikroskopisch kleine Schlinge aus unsichtbarem Garn ist. Wie können sich bloß Frauen alleine, ohne Ehemänner oder Dienstmädchen, all das zuziehen, zudrücken und zuhaken?

7. und letztens: Hüte für Damen wie auch Herren. Zwei Arten von Kopfbedeckungen sind grundsätzlich sinnvoll, nämlich Fellmützen als

Kälteschutz, wie sie in Kanada, Alaska und Rußland zu finden sind, und Regenhüte, große, flache kegel- oder pilzförmige Gebilde aus Reisstroh, wie sie die Kulis und Mönche im Fernen Osten tragen, damit sie keinen Regenschirm zu schleppen brauchen. Alle andern Kopfbedeckungen sind eitle Albernheiten ohne praktischen Nutzen oder ästhetischen Wert. Betritt man Gaststätten oder andere Orte, wo es sich gehört, den Hut abzunehmen (über Etikette und Symbolismus des Hutabnehmens und -aufsetzens könnte man stundenlang philosophieren), müssen die bewußten Deckel, zumindest von den Herren, für teures Geld an der Garderobe abgegeben werden und kosten dergestalt ihren weltmännischen Besitzer, wenn er häufig geschäftehalber oder zum Vergnügen aus essen geht, mindestens 65 Dollar im Jahr.

Man denke nur einmal an Zylinderhüte, an die Melone, den Homburg oder die von Militär und Polizei bevorzugte Schirmmütze. Selbst wenn sie gut passen, hinterlassen sie noch leichte Druckstellen auf der Stirn und leisten der Kahlköpfigkeit Vorschub. Außerdem sind sie Ausdruck einer wichtigtuerischen Lebenshaltung. Philosophen und Theologen haben sich bisher viel zu wenig mit dem Laster der Wichtigtuerei beschäftigt, das im wesentlichen darin besteht, sich selbst allzu wichtig zu nehmen. Ein freier Mensch geht nicht nur lautlos wie eine Katze, er nimmt sich auch sozusagen auf die leichte Schulter. Der Wichtigtuer hingegen umgibt sich mit Pomp, und Pomp ist vom griechischen *pompos*, zu deutsch „Anführer einer Prozession", abgeleitet und erinnert dem Klang nach an das lächerliche „Um-ta-ta"-Getön aus den mächtigen Blechblasinstrumenten von Militärkapellen, das man sogleich mit dem Stampfen schwerer Stiefel, dem Rattern und Geknalle bei militärischen Drillübungen assoziiert. Fähige Soldaten wie etwa Guerillas verraten ihren Anmarsch nicht schon vorher, sie bewegen sich vollkommen geräuschlos. Eine der Ursachen, warum die Deutschen zwei Weltkriege verloren haben und die Amerikaner in Vietnam versagten, ist wohl in der Zurschaustellung von militärischem Pomp zu suchen. Pomp, nicht zu verwechseln mit der gelinden Aufschneiderei eines Mannes, der sich in seiner Haut wohl fühlt, ist offenbar eine Kompensation für sexuelle Unzulänglichkeit. Die Amerikaner gewinnen nur dann Kriege, wenn sie indianische Taktiken anwenden, das heißt, wenn sie taktvoll und lautlos vorgehen.

Seid stolz, ihr Männer, schändet eure Seelen nicht,
Geht nicht umher in schwarzen umgestülpten Schalen,
Darunter ihr, erniedrigt, lebt und sterbt.
Nehmt euch als Hut den hohen Himmelsdom,
Viel edler deckt er euch als ein gewölbter Deckel,
In dessen Firmament sich keine Sterne bergen,
Noch Himmelswinde Einlaß finden,
Um euch den Schuppenstaub vom Haar zu blasen.

Soviel über Hüte.

Nun sind die Menschen ja die einzigen lebendigen Wesen, die Kleider tragen — es sei denn, die Zoologen fänden noch ein solches höchst absonderliches Wesen in der Tierwelt. Sie sind auch die einzigen Wesen, die lachen, denn Humor ist eine typisch menschliche Eigenart und besteht im wesentlichen darin, sich selbst nicht ernst zu nehmen. (Stell dir nur einmal vor, wie jemand hinter seinem vom Wind fortgewehten Hut herjagt.) Menschen können über sich lachen, weil sie tief innerlich wissen, daß ihr Leben ein großes Theater ist, ein Spiel. Auch wenn wir uns damit in die Tiefen der Mystik wagen: Jeder Mensch weiß in seinem Innern, daß er Gott in Verkleidung ist. Vielleicht nicht gerade der allmächtige Herrscher aus der jüdischen und christlichen Vorstellung, aber doch das innerste, höchste Selbst des Hinduismus, der Spieler, der alle Rollen durchspielt, der Joker im Kartenspiel. Etwas philosophischer ausgedrückt heißt das, jeder von uns ist eine Manifestation der Gesamtenergie des Universums. Indem wir Kleider tragen, bringen wir wissentlich, wenn auch uneingestanden zum Ausdruck, daß wir unsere Persönlichkeit nur zur Schau tragen.

Besinn dich einmal auf solche Redensarten wie „halt dich bedeckt", „reiß dich am Riemen", „den Gürtel enger schnallen", „eine haarige Sache", „da stehst du im Hemd", „das zieht dir die Schuhe aus", „Hose wie Jacke", „eine Kragennummer zu groß (oder zu klein)", „ein Amt bekleiden", „entlarven", „bemänteln", „zugeknöpft sein", „eine weiße Weste haben", „am Zeug flicken", „behüten", „Deckmantel", „die nackte Wahrheit". Diese Liste von Schneiderlateinmetaphern für mentale und moralische Gegebenheiten, für Persönlichkeitsab- und -aufwertungen, kann beliebig fortgesetzt werden. Sie zeigt auf, was wir grundsätzlich und intuitiv über die Beziehungen wissen, die zwischen dem, was wir sind, und dem, was wir anziehen, bestehen.

Ist es nicht bezeichnend, daß Männer, die ihre Rolle im Leben als Weise oder Heilige spielen, losefallende Gewänder tragen — Sadhus, Swamis, Mönche, Priester, Professoren in Amtsroben und sogar Richter? Große Heilige, wie beispielsweise die Shaiva-Yogis in Indien, gehen völlig nackt umher, um symbolisch darzulegen, daß sie keinerlei Rolle spielen, daß sie die Grenzen ihres Egos überschritten haben und wieder eins geworden sind mit dem Göttlichen. Die aggressiven, knallharten Militärs und Geschäftsleute indessen schnüren sich ausnahmslos in Rüstungen ein, panzern sich mit Stiefeln, Wickelgamaschen, Lederkoppeln, engen Lederjacken, Helmen und andern einquetschenden Verpackungsmaterialien, die einem beweisen, daß man wirklich existiert. Der wahre Sportler hat allerdings, wie der große Heilige, fast nichts an. Das griechische Wort *gymnos* heißt „nackt", und eine Turnhalle (*Gymnasium*) war ursprünglich ein Ort, an dem sich jedermann zu sportlichen Zwecken die Kleider auszog.

Das heißt nun nicht, daß ich den Nudismus als Lebensstil propagieren will. Allzugroße Vertrautheit führt zu Geringschätzung (darunter leidet zum Beispiel die Familie, und es muß etwas getan werden, um die Institution „Familie" wieder aufzuwerten). Abwechslung ist die Würze des Lebens. Der nackte Körper erregt um so mehr Lustgefühl — und das ist ganz natürlich —, als er normalerweise verhüllt ist. Nacktheit muß immer eine Offenbarung sein, eine Überraschung, aus dem einfachen Grunde, weil das Universum selbst ein in Schwingung befindliches Energiesystem ist: ein fortwährendes An und Aus. Jetzt siehst du es — jetzt ist es weg. Es schleicht sich an sich selbst an und schreit „Huh!" — und dann lacht es über seinen eigenen Schreck. Es besteht aus einem ständigen Wechsel von Sorge und Lachen, Angst und Entzücken, Haß und Liebe. Menschliches Bewußtsein besteht darin, dies als gegeben hinzunehmen und als Wesen der Wirklichkeit anzuerkennen, und darum heißt es überall in Asien, nur über die Seinsform des Menschen könne man Buddhaschaft — die völlige Befreiung — erlangen. (Es soll noch fünf andere Seinsformen geben: glückselige himmlische Wesen, zornige himmlische Wesen, Tiere, Wesen in heißen und kalten Fegefeuern und verzweifelte Geister mit riesigen hungrigen Bäuchen und nadelöhrkleinen Mündern. Das sind natürlich Metaphern für unsere eigenen wechselnden Bewußtseinsstufen.)

Die ein- und ausgeschaltete Energie könnte mythologisch dargestellt werden als Gott, der mit sich selber Versteck spielt, der sich selbst gewinnt und dann wieder in die Myriaden von Rollen verliert, die die fühlenden Wesen alle spielen. Aus der *Bhagavadgita*, dem Inbegriff der hinduistischen Philosophie, geht hervor, daß diese Rollen Verkleidungen sind. In Sir Edwin Arnolds Übersetzung lauten die entsprechenden Verse:

Es ist, als lege einer
 Sein altes Kleid beiseite,
Und spräch', ein neues greifend:
 ,,Dies will ich tragen heute."

Nach dem Vedanta, der zentralen Lehre des Hinduismus, sind alle Körper Kostüme, mit denen sich das eine und einzige Selbst unzählige Male verkleidet, und das gesamte Universum ist ein Maskenball, den man zuerst für ein Trauerspiel hält, bis man merkt, daß es ein Freudenfest ist.

Lüften wir das Geheimnis, daß Gott, ehe er sprach: ,,Es werde Licht", zuerst einmal sagte: ,,Irgendwo muß die Linie gezogen werden" und zum zweiten: ,,Lasset es rundgehen!" — weshalb nahezu alle Himmelskörper (die Erde eingeschlossen) kugelförmig sind und sich kreisförmig bewegen. Energie aus — Energie an, Erdenrund und Himmelsrund treffen sich heute zum Maskenball!

Enganliegende Kleider sind eine schlechte Maskierung. Sie sind sichtbarer Ausdruck der Illusion, das Leben sei wahrlich ein ernstes Trauerspiel — kurz gesagt, wir hätten die *heilige* Pflicht, es durchzustehen. (Das lateinische Wort für heilig ist *sacer*, was sowohl ,,heilig" als auch ,,verdammt" heißt.) Das Leben ist ein spontaner Vorgang, wie eine Erektion, und fällt in sich zusammen, wenn man es gewaltsam in Gang bringen will. Das männliche Glied erschlafft, wenn es herumkommandiert wird.

Knappsitzende militärische Kleidung nebst allem, was dazu gehört, ist letztlich einem künstlichen Glied oder einer Penisstütze vergleichbar, wie sie alte impotente Herren benutzen, die den Witz nachempfinden können, daß die vier traurigsten Worte der Welt lauten: „Ist er schon drin?" Bei alten Herren ist derlei ganz natürlich, und mir liegt es auch fern, mich darüber lustig zu machen, aber bei den jungen verkappten Homosexuellen, die zum *Machismo* neigen und den harten Kern unseres Establishments aus Militär, Industrie, Polizei und Mafia bilden, wirkt es sich tödlich vernichtend aus. Wenn sie einfach hingehen und miteinander vögeln würden (ich finde nichts Schlechtes dabei und benutze das Wort im besten Sinne), ginge es steil aufwärts mit der Welt. Aber sie treiben es mit Frauen nur, um damit anzugeben, und sind in Wirklichkeit in Kasernen viel glücklicher als in Boudoirs. Vielleicht liegt hier die wahre Bedeutung des Slogans: „Make love, not war!" Wir zerstören uns letztendlich selbst, wenn wir die Homosexualität unterdrücken.

Wir sollten also unsere Kleider, wie unsere Rollen und Persönlichkeiten, ungezwungen und locker tragen, in der Erkenntnis, daß ja schließlich das ganze Universum ein Maskenball ist, der um so mehr Spaß macht, je mehr Feingefühl und Schönheitssinn wir entfalten. Ich glaube, es ist kein Geheimnis, daß viele Frauen beim Anblick von Männern in langen Gewändern in sinnliche Erregung geraten, denn durch solche Gewänder — ob Kimono, Sarong, Kaftan oder Soutane — entsteht der Eindruck, als hätte der Mann wirklich etwas zu verbergen, wohingegen enge Hosen jede Illusion rauben. Warum nicht einfach bequem und farbenfroh? Warum geht man in Selbsterniedrigung und heimlichem Masochismus soweit, sich schöner Kleider zu schämen? Weil man in einer Demokratie nicht auffallen darf? Weil man Konformität wahren muß mit der anspruchslosen Mittelmäßigkeit der Kollegen und Kommilitonen, der Kameraden und Kumpels? Weil dadurch insgeheim bewiesen sein könnte, daß man die Frechheit besessen hat, mehr Geld zu verdienen als andere? Bei Frauen ist die Mode ein Spiel, bei dem es darum geht, sich schneller als die andern anzupassen, während das Spiel bei Männern nach der Devise abläuft: „Ich bin maßvoller und reifer als du."

Solche Spielchen setzen natürlich voraus, daß man das Ego bzw. die Persönlichkeit für bare Münze nimmt, und das sind ausgesprochen spießige und einengende Spiele. Wenn man jedoch von vornherein weiß, daß man ein Schwindler ist, kann man sich ruhig Ausgefallenheit und Farbenpracht leisten. Bunte, bequeme Kleidung ist ja sowieso nur eine Sache der Phantasie und nicht des Geldes.

Daheim in Kalifornien trage ich im Hause normalerweise einen japanischen Kimono oder desssen farbenfrohere Abart, die leichte baumwollene *Yukata*. Aber ansonsten traue ich mich in Amerika noch nicht so recht, dieses Gewand auch auf der Straße zu tragen. In San Francisco kann ich immerhin auf mexikanische oder guatemaltekische Indiokleider ausweichen, darunter beispielsweise die herrlichen, kuscheligen Jacken aus Toluca, doch in Chicago oder New York fühle ich mich bemüßigt, „mit den Wölfen zu heulen" und den allgemein üblichen Straßenanzug zu tragen. Allerdings ziehe ich selbst dann aus bereits genannten Gründen lieber Sandalen als Schuhe an.

Vor einigen Jahren hat mir ein japanischer Freund erzählt, er würde nicht mehr im Traum daran denken, in Kyoto einen Kimono zu tragen, denn „darin kann man nicht hinter dem Bus herrennen". Das stimmt, aber andererseits sollte auch kein Mensch mit Selbstachtung hinter einem Bus herrennen. Man *kann* jedoch, und zwar mit einem philippinischen Sarong, dem bequemsten Herrenbekleidungsstück, das je ersonnen wurde — einem weiten Halbrock aus gebatikter Baumwolle; als Material würde sich ebensogut Seide, Kammgarn oder auch Vikunja-Wolle eignen und als Zubehör vielleicht ein Vikunja-Poncho.

Der Sarong ist eine Stoffröhre, die flach hingelegt knapp 1 Meter breit und etwa 1,20 Meter lang ist, wovon die unteren 60 Zentimeter in zwei „Beine" unterteilt sind. Man steigt hinein, hält ihn auf die richtige Länge von der Taille bis zu den Fußknöcheln und faltet das, was zuviel ist, an der Taille nach innen. Dann schlägt man das, was übersteht, zur Seite um und befestigt es mit einer Sicherheitsnadel. Alles in allem benötigt man ungefähr 2 Meter Stoff von etwa 1,30 Meter Breite. Kein Gürtel, keine Reißverschlüsse, keine Knöpfe, keine geschneiderten Spitzfindigkeiten. Dazu trägt man ein schönes Hemd und bei kühlem Wetter oder Regen einen Poncho. Das ist bequem, kleidsam und angemessen. Was die lästigen Taschen betrifft, nehme man sich lieber ein Beispiel an den buddhistischen Mönchen Südostasiens und trage eine rechteckige Tasche aus Tuch mit rutschsicherem, etwa 7 Zentimeter breitem Band über der Schulter oder um den Hals. Sollte jemand einen so umfänglichen Bauch haben, daß keine Taille mehr da ist, kann der Sarong mit zwei Stoffträgern festgehalten werden, die über die Schultern führen und sich auf dem Rücken kreuzen, damit sie nicht wegrutschen.

Für Frauen ist der Sari das mit Abstand bequemste und anmutigste Kleidungsstück. Er kleidet jede Figur und ist in unzähligen Farben und Mustern zu haben. Jede Frau sieht wie eine Königin darin aus, und zwanzig Stück davon passen in einen Koffer, so daß man sich drei- oder viermal am Tag umkleiden kann. Der Sari ist einfach ein etwa 5 Meter langes, 1,20 Meter breites Stoffrechteck, das um die Taille gefältelt und dessen besonders reich verziertes Endstück über die linke Schulter geworfen und mit einer Brosche festgesteckt wird. Darunter wird eine hautenge Bluse in passender Farbe getragen. Die Herstellung von Millionen Saris für die westliche Damenwelt wäre überdies ein Segen für die Wirtschaft Indiens und Sri Lankas. Und da wir uns langsam an „oben ohne" gewöhnen, werden vielleicht bald wohlgeformte Mädchen wagen, Sarongs nach Art der Balinesinnen zu tragen, nämlich von der Taille aufwärts nackt oder reich mit Ketten geschmückt. Unsere Häuser sind so gut beheizt, daß man solche Kleidung auch im Winter tragen kann und nur für draußen einen Pelz- oder Lammfellmantel braucht.

Ich lobe orientalische und „primitive" Bekleidungsstile nicht nur, weil wir damit endlich der Verpflichtung nachkommen könnten, der Dritten Welt eine effektive Wirtschaftshilfe zu leisten, sondern auch, weil es nur allzu wahr ist, daß „Kleider Leute machen". Offenbar ist unser im wesentlichen militärischer Kleidungsstil nicht ganz unbeteiligt an unserem anmaßenden, unhöflichen Gebaren andern Kulturen gegenüber wie auch an dem gespannten und verklemmten Verhältnis, das wir untereinander haben. Die Menschen in aller Welt müssen sich entkrampfen, müssen lockerer werden und lernen, sich selbst auf die leichte Schulter zu nehmen: Heiter geht's weiter! Leichte, anmutige, farbenfrohe Kleidung könnte sehr wohl ein Anfang dazu sein.

Der Geist der Gewalt und die Materie des Friedens

Es erscheint mir sehr fraglich, ob man Aggression und Gewalt wirklich als Instinkte des Menschen bezeichnen kann. Ich habe den Eindruck, daß Instinkte, seien sie auf Gewalt, Überleben, Arterhaltung oder Ernährung gerichtet, nicht mehr und nicht weniger zur Erklärung beitragen, als wenn wir von Schicksalsmächten, bösen Geistern oder „Werken Gottes" sprechen oder von Urkräften aus grauer Vorzeit, die Prozesse in Gang setzen, die wir nicht ganz verstehen — etwa wie das geheimnisvolle „Es" in „es regnet".

Interessant ist in diesem Zusammenhang, daß Verhaltensforscher heutzutage lieber von *Antrieb* reden als von Instinkt und damit zu verstehen geben, daß Menschen, wenn sie wütend, hungrig oder erregt sind, wie Marionetten von Kräften angetrieben werden, die sie selber nicht mehr unter Kontrolle haben. Das heißt jedoch, daß „ich selber" ein bißchen weniger bin als mein ganzer Körper samt allen Körpervorgängen — eine Vorstellung, die ich lächerlich finde, wie sehr sie auch mit unserm normalen, gesellschaftlich bedingten Denken übereinstimmen mag.

Fast alle zivilisierten Menschen sind mit dem Gedanken aufgewachsen, sie seien „Gespenster in Maschinen", wie Koestler sich ausgedrückt hat, Seelen oder Geister in Körpern, die ihnen fremd sind, in Haut eingeschlossene Egos, Geisterfahrer in automatischen Gefährten aus Fleisch und Blut. Wir haben gelernt, uns ausschließlich mit *dem* Teil des Gehirns zu identifizieren, der wie eine Art Radar oder Scanner funktioniert und offenbar das Zentrum bewußten Denkens und freiwilligen Handelns ist. Obgleich nur dieses Zentrum sich für das bewußte Denken, Bewegen, Reden und Handeln verantwortlich hält, hat es nicht die geringste Ahnung, *wie* es das alles überhaupt schafft. Außerdem erfährt es alle sogenannten vegetativen Körperfunktionen als Vorgänge, denen es einfach ausgeliefert ist. Wo es um starke Gefühlsregungen, Veränderungen der Blutzirkulation oder die Absonderung von Adrenalin geht, fühlt es sich getrieben, passiv den „Trieben" ausgeliefert.

Manche halten die Unterscheidung von Ego und Körper für eine besondere menschliche Errungenschaft. Ihrer Meinung nach befähigt sie uns dazu, innerhalb gewisser Grenzen die Natur der Vernunft zu unterwerfen und das, was „einfach abläuft", mit Hilfe von Kunst und Wissenschaft unter Kontrolle zu bringen; sie ermöglicht uns ferner, Abstand von uns selbst zu nehmen und das eigene Verhalten kritisch zu betrachten, kurz, uns unserer selbst bewußt zu sein. Darüber hinaus soll es *das* schlechthin sein, was uns „über die Tiere erhebt", eine stolze Behauptung, die zunehmend an Glaubwürdigkeit verliert, denn bei keinem einzigen Tier gibt es Anzeichen dafür, daß es beim Kampf gegen die eigene Art nebenbei den Planeten zerstören könnte.

Ich wohne gegenwärtig auf einem großen Boot in einem ruhigen Hafen, und rundherum wimmelt es von Vögeln — Wildenten, Seetauchern, Pelikanen, Seeschwalben und Möwen in rauhen Mengen. Letztere sind dermaßen gefräßig, daß sie mir wie geflügelte Schläuche mit einem staubsaugerähnlichen Innenleben vorkommen. Warum habe ich bloß das Gefühl, als sei diese Vogelwelt in gewisser Weise gesünder als die Welt der Menschen? Es muß eine ganz schöne Schwerarbeit sein, ein Vogeldasein zu führen und so riesige Futtermengen durch so kurze Därme zu schleusen. Wenn man zusieht, wie Möwen sich um Brotbrocken zanken und drängeln, sollte man doch meinen, eine einzelne Möwe wäre überglücklich, einmal alleine fressen zu können. Aber wirft man einer einsamen Möwe eine Brotrinde zu, kreischt sie so los, daß jede andere Möwe in Hörweite sofort zur Stelle eilt. Anscheinend hat sie keine Ahnung von Mengenlehre, oder aber sie vermag einfach nicht, ihre Entzückensschreie zurückzuhalten. Vielleicht ist sie gar kein echtes Individuum, sondern nur untergeordnetes Organ einer Möwengruppe — so etwas wie ein Kommunist. Der Mensch ist so abgründig neidisch auf die Tiere, daß ihm alles und jedes recht ist, was ihre Unterlegenheit unter Beweis stellt — Einwände gelten als ketzerisch.

Dieser Neid wurzelt in der Ansicht, Tiere, insbesondere die frei herumfliegenden Vögel, hätten kein Verantwortungsgefühl. Ohne Plan und Überlegung jagen, nisten und brüten sie, wie unsereins atmet, hört und Haare wachsen läßt. Sie machen sich keine Gedanken über das Morgen, wohingegen der selbst-bewußte, selbstkritische Mensch in seinem Wahn, zumindest einen Teil seiner Handlungen unter Kontrolle zu haben, des Nachts wachliegt und sich über wichtige Entscheidungen den Kopf zerbricht oder begangene Fehler verwünscht. Der einzelne Mensch hadert fortwährend mit sich, weil er meint, nicht gründlich genug überlegt zu haben, nicht entschlossen genug gewesen zu sein oder nicht genügend Selbstbeherrschung bewiesen zu haben; er hält sich in *dem* Maße für kultiviert, wie es ihm gelingt, mit seinem vernünftigen Ego den Sieg in seinen inneren Konflikten davonzutragen. Kultur entsteht demnach dadurch, daß der Mensch sich selbst Gewalt antut — das zeigt sich auch an den Prügeln, mit denen er seine Kinder, Hunde oder Pferde traktiert, und an den teils brutalen, teils ausgeklügelten Foltern, mit denen er die weniger erfolgreichen, weniger schlauen Artgenossen martert, die sogenannten Kriminellen. Die Wissenschaft drängt förmlich darauf, daß der Mensch seine zukünftige Entwicklung endlich selbst in die Hand nehmen müsse und nicht länger von den Launen der „natürlichen Auslese" abhängen dürfe. Allem Anschein nach ist den Leuten, die solche Reden schwingen, nicht klar, wieviel neue Gewaltanwendung gegen „abnormale" Kräfte im Individuum wie auch in der Gesellschaft das erfordert. Das Bestreben, die Evolution zu steuern, ist zugleich das Bestreben, „Gott gleich" zu sein, und das heißt — gemessen an der allgemeinen Gottesvorstellung der westlichen Welt —, Diktator über die Erde zu sein.

In Psalm 121 steht: „Siehe, der Hüter Israels schläft noch schlummert nicht." Und das besagt letztlich dasselbe wie der Vers: „Die Gottlosen haben keinen Frieden", der auf die zutrifft, die wie der tyrannische Gott das Gesetz in die eigenen Hände nehmen. Unser althergebrachtes Weltmodell trägt nun einmal militärische Züge.

Allmächtiger Gott, Du schrecklicher König,
Der Du die Winde
Zu Deiner Trompete bestimmst
Und die Blitze zu Deinem Schwert.

In dieser Vorstellung vom gewaltsamen Kampf einer übermächtigen Intelligenz gegen die unbändige, unbeseelte Materie spiegelt sich die eigene innere Zerrissenheit des Menschen wider, die ihn nachts wach liegen und über seine Entscheidungen nachgrübeln läßt — zusammen mit dem „Hüter Israels".

Das Grundproblem besteht letztendlich darin, daß Recht und Vernunft einer linearen Denkweise angehören, die in verbalen, mathematischen und anderen abstrakten Systemen zum Ausdruck kommt, in aneinandergereihten Symbolen, aus denen sich der Verstand die Informations-„Brocken" herauspickt, die im begrenzten Suchkegel seiner Aufmerksamkeit auftauchen. Die dingliche Welt hingegen besteht in jedem Augenblick aus unzähligen gleichzeitigen Energiemustern, die sich bei dem Versuch, sie in unsere schwerfälligen linearen Symbole zu übersetzen, als unerhört kompliziert erweisen. In Wirklichkeit sind sie gar nicht so kompliziert; kompliziert ist nur die kniffelige Aufgabe, sie durch Worte oder Zahlen zu erfassen. Es ist so, als wollte man versuchen, über alle Blätter im Wald genau Buch zu führen oder den Atlantik mit einem Fingerhut auszumessen.

Wir können die Natur bis zu einem unbestimmten Punkt „in den Griff bekommen", wenn wir mit Geduld und Demut vorgehen. Aber immer wenn wir glauben, endlich die „ganze Wahrheit" der Naturgesetze erkannt zu haben und entsprechend richtig handeln zu können, geraten wir in die paradoxe Situation, daß wir die Natur zwingen müssen, sich ihren eigenen Gesetzen, wie wir sie verstehen, zu unterwerfen. Wir sagen ja auch: „Verdammt, warum kannst du nicht natürlich sein!" Mit andern Worten, der Lauf der Ereignisse, ob er nun Menschen oder Dinge betrifft, kann nur mit Gewalt in die übervereinfachten Schemata gepreßt werden, mit deren Hilfe wir ihn zu beschreiben versuchen. Darin gleichen wir Prokrustes, der seine Gäste streckte oder verstümmelte, damit sie in sein Gästebett paßten.

Wir gehen also, meist stillschweigend, von der Annahme aus, das vernunftbegabte Ego sei ein Fremder, ein Eindringling in der dinglichen Welt und verkörpere eine abstrakte, imaginäre Ordnung, die zwangsläufig mit den chaotischen Verwicklungen der Natur in Konflikt stehe. Aber diese spiritualistische Anschauung ist, wenn sie offen zutage tritt, kaum mehr glaubwürdig, da wir andererseits, zumindest theoretisch, davon ausgehen, Bewußtsein und Intelligenz wären im Laufe der Evolution spontan aufgetreten, zusammen mit den Nervenverbänden, in denen sie organisiert sind und von denen wir bislang kaum etwas verstehen.

Das Ganze ist vielleicht eine Sache des Glaubens, aber auch meinem Gefühl nach muß ich, um mir selbst trauen zu können, auf mein gesamtes Nervensystem setzen (und die Umgebung, die untrennbar dazugehört), und nicht auf eine Logik aus Worten und Zahlen, die der nervlichen Grundsubstanz überlegen sein soll. Mein Gehirn ist nämlich im Gegensatz zu meinem Geist gewissermaßen allwissend: Es koordiniert gleichzeitig mehr Variablen, mehr Rhythmen und Muster, als ich (das Ego) in hundert Jahren eifrigen Studiums begreifen könnte. Ich sehe keinen Sinn darin, die Definition meines „Selbst" auf Wahrnehmungsvorgänge, Willensäußerungen und Symbolisierungen zu beschränken. Ich muß meinen ganzen Körper in die Definition meines „Selbst" einbeziehen und so in gewisser Weise die Verantwortung für alles übernehmen, was er ist und tut. Schließlich habe ich ja, wenn ich dem Nährboden meiner bewußten Intelligenz nicht traue, keinerlei Grundlage mehr, auf der sich dieses Mißtrauen begründen oder beweisen ließe.

Wenn Menschen aus der westlichen Hemisphäre Betrachtungen über den eigenen Körper anstellen, neigen sie wie der Psalmist zu der Ansicht, sie seien „wunderbar *gemacht*" (Ps. 139) — irgendeine intelligente Kraft außerhalb ihrer selbst soll diesen komplizierten Apparat geschaffen haben, den sie im gleichen Atemzug als natürliches Chaos oder rein animalisches Funktionieren „abtun". Sich mit seinem gesamten Körper zu identifizieren wird deshalb ambivalent sowohl als Blasphemie wie auch als Sichausliefern an die blindwütigen Mächte des Unbewußten betrachtet. Ganz gleich, wie wir zur Metaphysik stehen, bleiben wir dabei, daß der innere Konflikt zwischen Ego und Körper, Vernunft und Instinkt die notwendige Bedingung für zivilisiertes Leben ist. Aber wer so denkt, macht sich selber etwas vor, denn wenn wir einmal beobachten, wohin die Zivilisation insgesamt steuert, sehen wir nur eine ungeheure menschliche Heuschreckenplage, die den Erdball verpestet und vernichtet, raubgieriger als Haifische und selbstmörderischer als Lemminge. Die Zivilisation mag eine Weile „funktionieren", zumindest was privilegierte Individuen betrifft, aber schon in absehbarer Zeit dürfte sie sich zu einer verheerenden Lawine entwickeln, die alles Leben auf dieser Erde auslöscht.

Es ist hier weder die Rede davon, noch besteht die Möglichkeit, die Technik aufzugeben und einfach sentimental zum Chaos zurückzukehren. Was wir wirklich brauchen, ist eine Technik, in der das „Selbst" nicht mehr als etwas Körper- und Umweltfremdes angesehen wird. Organisierte Kriegführung und gewaltsame Revolutionen leiten sich nur aus dem inneren Konflikt zwischen Ego und Organismus her, insbesondere dann, wenn Gewalt im Namen der Gerechtigkeit und zur Besserung der Menschen propagiert wird. Nie war etwas grausamer und verheerender als „gerechte" Kriege zur „Verteidigung" von Religion, Ehre und Moral. Wenn schon Krieg, dann lieber einer, bei dem man aus ehrlicher Besitzgier Feindesland und Reichtümer erbeutet und äußerst vorsichtig zu Werke geht, um nicht das zu zerstören, was man zu besitzen wünscht. Aber zivilisierte Kriege werden nur für Prinzipien ausgefochten, und genauso geht die technische „Eroberung der Natur" im Grunde aus der rein abstrakten Lust am Geldscheffeln vonstatten, die absolut nichts gemein hat mit der konkreten, sinnlichen Freude an gutem Essen, schönen Frauen und angenehmer Umgebung. Unsere Geldsäcke sind größtenteils Puritaner, die sich abrackern und weder Lust noch Zeit haben für materielle Genüsse. Wir brauchen eine Technik, die nicht etwa auf abstrakte, ungenießbare Dollars ausgerichtet ist, sondern weltweit für Kaviar und erlesene Weine sorgt.

Nur ein „Idealist", der spirituelle Werte höher einschätzt als die materielle Existenz, würde den bewußten Knopf drücken und einen Atomkrieg auslösen. Und das liegt daran, daß er offen oder stillschweigend annimmt, seine „spirituellen" Werte seien unsterblich und er könne sein Dasein unabhängig vom physischen Tod im Himmel oder auf einer höheren Schwingungsebene fortsetzen; einmal dort angekommen, kann er sich dann zu seiner Prinzipientreue beglückwünschen und mißbilligend den Finger gegen die zu ihrer Überraschung unsterblichen Seelen der dialektischen Materialisten erheben, die jetzt zu Kreuze kriechen. Das alles bedeutet nicht mehr und nicht weniger, als daß der Glaube an die Überlegenheit und letzte Autorität von Vernunft, Intellekt, Ideen und Symbolen, die angeblich die höchste Wirklichkeit verkörpern, im Widerspruch zum Überleben der Menschheit steht.

Erstaunlicherweise steht der Materialismus dem mystischen Weltbild näher als der Idealismus, wie auch das Mißtrauen beweist, das die offiziellen Institutionen des Judaismus, Christentums und Islams stets den Mystikern entgegengebracht haben. Der Idealismus spaltet den Kosmos in die ungleiche Zweiheit von Schöpfer und Kreatur, Geist und Materie, Herrscher und Untertan, Ego und Organismus, und so macher Atheist ist eigentlich ein Idealist, im Falle er nämlich versucht, die tatsächlich gegebene Ordnung der Natur durch die logische Ordnung von Sprache und Mathematik zu gängeln. Der Materialist hingegen kann, wenn er ehrlich ist, gar nicht behaupten, er selbst sei in irgendeiner Weise von seinem gesamten physischen Körper getrennt. Darum kann er sich auch nicht darauf hinausreden, er stehe unter dem Antrieb oder sei ein Opfer seiner eigenen organischen Prozesse, denn seine Gefühle und Begierden, ja sämtliche Vorgänge in seinem Körper, sind sein eigenes Werk, wie unwillkürlich und unbewußt sie auch ablaufen mögen.

Hat man das erst einmal eingesehen, kommt man automatisch zu einer weiteren, recht mystischen Erkenntnis: Wenn ich mein Organismus bin, bin ich auch meine Umwelt. Nach den Erkenntnissen der Ökologie und der Biophysik setzt jeder Organismus eine entsprechende Umgebung voraus und umgekehrt. Eins bedingt das andere, wie ein Kauf den Verkauf bedingt, die Vorderseite eine Kehrseite hat und der positive Pol den negativen voraussetzt. Demzufolge bedingt jeder Organismus nicht nur den Zustand seines unmittelbaren Sonnensystems, sondern darüber hinaus die Gesamtkonstellation aller Galaxien. Wenn ein menschlicher Körper in ein anderes Universum gebracht werden könnte, würden die dortigen Wissenschaftler nach eingehendem Studium herausfinden, daß er aus einer Umgebung kommt, zu der Sonne, Mond, Planeten, die Milchstraße und der Andromedanebel gehören. Denn wie eine Frucht den Baum in sich einschließt, impliziert der menschliche Organismus ein kosmisches

Energiesystem, das sich in Menschen verkörpert, wie eine Pflanze blüht.

Das „Selbst" ist folglich im Grunde nicht der einzelne Körper, sondern das ganze Energiesystem, das sich in allen Menschen darstellt. Das abstrakte Ego hat auf dieses System ebensowenig Einfluß wie auf das Herz, und während du als Ego nur deine Vorstellung von dir selbst bist, bist du in Wirklichkeit das gesamte Energiesystem des Universums. Wer das einsieht, dem könnte man die Herrschaft über die Technik anvertrauen, denn er würde die Außenwelt in ihrem ökologischen Gleichgewicht genauso achten wie seinen eigenen Körper. Er würde *mit* ihr arbeiten, statt gegen sie, wie ein Seemann *mit* dem Wind segelt, auch wenn er auf entgegengesetztem Kurs ist.

Man muß sich grundsätzlich klar darüber sein, daß es schlicht unmöglich ist, sich selbst oder die Welt mit Gewalt zu verbessern. Da du selbst *sowohl* der Organismus *als auch* dessen Umwelt bist, ist das ebenso müßig wie der Versuch, sich an seinen eigenen Schnürsenkeln vom Boden hochzuheben. Unsägliche psychische und physische Energien werden an dieses lächerliche Vorhaben vergeudet, aber wenn man erst einmal gemerkt hat, wie albern das Unterfangen ist, und davon abgelassen hat, werden all diese Energien für Ziele freigesetzt, die wirklich erreichbar sind. Wer ein Schloß mit Gewalt öffnen will, verbiegt nur den Schlüssel, und deshalb erzwingen wahrhaft kluge Menschen nie etwas. Sie nehmen ihre Zuflucht lieber zum *Judo*, um auf dem „sanften Weg" zu lernen, wie man die Strömung nutzt, den Schlag abfängt, das Holz der Faser entlang spaltet. Solche Klugheit ist eine Alternative zur Gewalt.

Psychedelische Drogen und religiöse Erfahrung

Erfahrungen mit psychedelischen Drogen werden oft mit Ausdrücken aus dem religiösen Bereich beschrieben. Darum sind sie für Leute wie mich, die sich in der Tradition von William James mit Religionspsychologie beschäftigen, von Interesse. Über dreißig Jahre lang habe ich erforscht, wie es zu solchen speziellen Bewußtseinszuständen kommt, was sie sind und was sie bewirken. Ein Mensch in dieser Bewußtseinsverfassung entdeckt, daß er sich in einem einzigen ununterbrochenen Dialog mit Gott befindet, mit dem Universum, mit dem Urgrund des Seins oder wie immer man die letzte und ewige Wirklichkeit auf Grund seines kulturellen Hintergrundes oder seiner persönlichen Vorliebe nennen mag. Wir haben keine treffende, kennzeichnende Bezeichnung für Erlebnisse dieser Art. Begriffe wie „religiöses Erlebnis", „mystische Erfahrung" und „kosmisches Bewußtsein" sind allesamt zu unbestimmt und vieldeutig für diesen besonderen Bewußtseinszustand, der für diejenigen, die ihn kennen, genauso wirklich und überwältigend ist wie Verliebtsein.

Dieser Essay beschreibt solche Bewußtseinszustände, wie sie durch psychedelische Drogen hervorgerufen werden, obgleich sie praktisch nicht von echten mystischen Erlebnissen zu unterscheiden sind. Er befaßt sich ferner mit den Bedenken, die gegen den Gebrauch psychedelischer Drogen sprechen und sich hauptsächlich aus dem Gegensatz zwischen mystischer Erfahrung und den traditionellen religiösen und profanen Werten der westlichen Welt herleiten.

Der Gedanke, mystische Erlebnisse könnten durch Drogen herbeigeführt werden, findet im Westen nicht so ohne weiteres Zustimmung. Die westliche Kultur ist, wie die Geschichte lehrt, ganz und gar darauf eingestellt, Wert und Tugend eines Menschen danach einzuschätzen, wie er als individuelles, selbstbestimmtes, verantwortliches Ego durch bewußte Willensanstrengung Kontrolle über sich und seine Welt ausübt. Nichts läuft dieser kulturellen Tradition so zuwider wie der Gedanke eines geistigen oder psychischen Wachstums durch Drogengebrauch. Ein ,,berauschter" Mensch ist per Definition jemand, dessen Bewußtsein getrübt ist, dessen Urteilsfähigkeit herabgesetzt ist und der seiner Willenskraft beraubt ist. Aber nicht alle psychotropen (bewußtseinsverändernden) Chemikalien wirken narkotisierend und einschläfernd, wie Alkohol, Opiate und Barbiturate. Die Wirkung der psychedelischen (bewußtseinserweiternden) Chemikalien unterscheidet sich erheblich von der des Alkohols, etwa wie Gelächter von Wut oder Freude von Mißmut. Im Grunde besteht keinerlei Ähnlichkeit zwischen einem ,,High" durch LSD und der Trunkenheit durch Schnaps. Sicher, in keiner der beiden Verfassungen sollte man Auto fahren, denn schließlich fährt man ja auch nicht, wenn man gerade Geige spielt, ein Buch liest oder sich liebt. Gewisse kreative Aktivitäten und Geistesverfassungen erfordern soviel Aufmerksamkeit und Hingabe, daß sich damit absolut nicht vereinen läßt, eine Maschine unter Todesgefahr die Autobahn entlangzusteuern.

Ich selbst habe mit fünf der bekanntesten Psychedelika experimentiert: LSD-25, Meskalin, Psilocybin, Dimethyltryptamin (DMT) und Cannabis. Ich wollte, ähnlich wie William James mit seinen Lachgasversuchen, feststellen, ob sie mir helfen könnten, die ,,essentiellen" oder ,,auslösenden" Stoffe, wie ich sie einmal nennen will, zu identifizieren, die dem mystischen Erlebnis zugrunde liegen. Nahezu alle einschlägigen Werke über den Mystizismus sind diesbezüglich sehr verschwommen, sowohl in der Beschreibung derartiger Erlebnisse wie auch im Nachweis logischer Bezüge zwischen der Erfahrung an sich und den diversen traditionellen Methoden, die sie herbeiführen sollen — Fasten, Konzentration, Atemübungen, Gebet, Gesang und Tanz. Ein traditioneller Zen-Meister oder Yogi hat auf die Frage, warum diese oder jene Übung zu mystischem Erleben führt oder dafür empfänglich macht, stets die Erwiderung: ,,Auf diesem Wege wurde es mir von meinem Lehrer übermittelt. Auf diesem Wege sind mir die Augen aufgegangen. Wenn du ernsthaft Interesse hast, probier es selber aus.." Diese Antwort kann einen zudringlichen, wissenschaftsgläubigen, wißbegierigen Westler kaum zufriedenstellen. Sie erinnert ihn wohl eher an altertümliche Arzneimittelrezepturen: Man nehme fünf Salamander, Pulver vom Galgenstrick, drei gekochte Fledermäuse, einen Skrupel Phosphor, drei Prisen Bilsenkraut, ein Stück Kot, den ein Drache fallen lassen hat, als der Mond im Zeichen der Fische stand, und vermische alles gut. Vielleicht half ein solches Rezept sogar, aber welcher Bestandteil spielte wohl die Hauptrolle?

So verfiel ich darauf, daß ich psychedelische Drogen, falls sie wirklich mein Bewußtsein für mystisches Erleben empfänglich machen sollten, als Mittel einsetzen könnte, eine derartige Erfahrung zu erforschen und zu beschreiben — ebenso wie man mit Hilfe eines Mikroskops Bakterien erforscht, obgleich das Mikroskop ein „künstliches" und „naturwidriges" Gerät ist, das eigentlich die Sehweise des bloßen Auges „verzerrt". Als ich von Dr. Keith Ditman von der Neuropsychiatrischen Klinik der Universität in Los Angeles dazu eingeladen wurde, die Wirkung von LSD-25 auf das mystische Erleben auszuprobieren, wollte ich absolut nicht glauben, daß irgendeine Chemikalie ein echtes mystisches Erlebnis hervorrufen könnte. Ich dachte eher, dabei höchstens einen dem Schwimmen mit einem Schwimmgürtel vergleichbaren Zustand geistiger Erfahrung erreichen zu können. Und wirklich, mein erster Versuch mit LSD-25 erbrachte nichts Mystisches. Ich hatte ein ungemein interessantes ästhetisches und intellektuelles Erlebnis, das meine Fähigkeiten auf dem Gebiet der Analyse und der genauen Beschreibung aufs äußerste herausforderte.

Einige Monate später, im Jahr 1959, machte ich erneut Versuche mit LSD-25, diesmal mit Dr. Sterling Bunnell und Dr. Michael Agron von der Langley-Porter-Klinik in San Francisco. Im Verlauf zweier Experimente stellte ich zu meinem Erstaunen und mit einiger Bestürzung fest, daß ich Bewußtseinsstadien durchlief, die haargenau mit allen Berichten übereinstimmten, die ich je über tief mystische Erlebnisse gelesen hatte.*

* Eine hervorragende Sammlung solcher Erlebnisse findet sich in Raynor C. Johnsons Buch *Watcher on the Hills* („*Der Beobachter auf den Bergen*"), Harper, New York 1959.

Was ich dabei erlebte, war einschneidender, merkwürdiger und unerwarteter als alles, was mir bei drei „natürlichen, spontan erfolgten" Erlebnissen dieser Art in den vergangenen Jahren begegnet war.

Bei weiteren Versuchen mit LSD-25 und den anderen genannten Drogen (ausgenommen DMT, das ich ganz amüsant, aber relativ uninteressant finde) merkte ich, daß ich mich mit Leichtigkeit in den Zustand des „kosmischen Bewußtseins" versetzen konnte und in der Folge immer weniger auf die Chemikalien angewiesen war, wenn ich mich auf diese spezielle Erlebniswellenlänge „einstimmen" wollte. Von den fünf Psychedelika, die ich ausprobiert habe, entsprachen LSD-25 und Cannabis meinem Vorhaben am besten. Und von diesen beiden stellte sich der Hanf, den ich allerdings nur in Ländern anwenden konnte, wo sein Gebrauch nicht strafbar ist, als das bessere Mittel heraus. Er führt nicht zu absonderlichen Verzerrungen der Sinneswahrnehmungen, und wie medizinische Studien ergaben, hat er (außer bei exzessivem Gebrauch) auch nicht die gefährlichen Nebenwirkungen von LSD, beispielsweise psychotische Erscheinungen.

Ich will hier, wenn ich meine Erfahrungen mit psychedelischen Drogen beschreibe, nicht näher auf die gelegentlich nebenbei auftretenden seltsamen Veränderungen der Sinneswahrnehmung eingehen, die psychedelische Chemikalien bewirken können. Ich beschäftige mich lieber mit den weitreichenden Veränderungen, denen mein normales, gesellschaftlich geprägtes Bewußtsein im Hinblick auf meine Existenz und Beziehung zur Außenwelt unterliegt. Ich versuche, die Grundzüge der psychedelischen Wahrnehmung zu skizzieren. Aber ich muß hinzufügen, daß ich nur für mich selbst spreche. Die Qualität solcher Erfahrungen hängt weitgehend von der eigenen Orientierung und Lebenseinstellung ab, wenn ich auch in der mittlerweile umfangreichen Literatur zu diesem Thema auffallende Übereinstimmungen mit meinen eigenen Erkenntnissen entdecke.

Meine Versuche mit Psychedelika weisen fast durchgängig vier dominante Charakterzüge auf. Ich will versuchen, diese zu erklären, und bin mir sicher, daß der Leser spätestens beim zweiten oder dritten Punkt sagen wird: „Was soll das, das ist doch klar! Um das zu sehen, braucht kein Mensch eine Droge." Schon richtig, aber jede Einsicht hat verschiedene Intensitätsgrade. Es gibt einleuchtend und einleuchtend — aber das eine

Mal kommt eine Einsicht von umwerfender Klarheit über uns und offenbart einen tieferen Sinn in jedem Bereich und jeder Dimension unseres Daseins.

Die erste charakteristische Eigentümlichkeit ist eine Verlangsamung der Zeit, ein *Konzentrieren auf die Gegenwart*. Das meist zwanghafte Bedürfnis, sich mit der Zukunft zu beschäftigen, nimmt ab, und man wird sich darüber klar, wie ungeheuer wichtig und von Interesse das ist, was momentan geschieht. Andere Leute, die geschäftig durch die Straßen gehen, kommen einem leicht verrückt vor, so als gingen sie am Leben vorbei, ohne zu merken, daß es nur darauf ankommt, es im Augenblick des Geschehens zu erleben. Also entspannt man sich genüßlich, betrachtet eingehend die Farben in einem Glas Wasser oder lauscht der jetzt ungemein deutlichen Schwingung jedes einzelnen Tons nach, den eine Oboe oder eine Stimme hervorbringt.

Vom pragmatischen Standpunkt unserer Kultur aus ist ein solches Verhalten ausgesprochen schlecht fürs Geschäft. Es führt womöglich dazu, daß die Leute leichtsinnig werden, keine Vorsorge für die Zukunft mehr treffen, daß Versicherungen gekündigt und Sparkonten aufgelöst werden. Doch das ist genau die Korrektur, die unsere Kultur nötig hat. Niemand lebt auf so alberne Weise am Leben vorbei wie der „erfolgreiche" Abteilungsleiter, der sein ganzes Leben damit verbringt, Papierkram zu bewältigen, und nur das Ziel vor Augen hat, mit fünfundsechzig, wenn es längst zu spät ist, behaglich in den Ruhestand zu treten. Nur wer sich auf die Kunst versteht, in der Gegenwart zu leben, hat etwas von seinen Zukunftsplänen, denn wenn die Pläne reifen, ist er auch in der Lage, sich an den Ergebnissen zu freuen. „Morgen wird nie heute sein." Ich kenne keinen Priester, der seine Gemeinde dazu anhält, den Abschnitt der Bergpredigt zu beherzigen, der mit den Worten beginnt: „Darum sorget nicht für den andern Morgen . . ." In Wahrheit sind Leute, die für die Zukunft leben, „nicht ganz da", wie wir bei einem Geistesgestörten zu sagen pflegen, aber sie sind auch nicht ganz hier: In ihrem Übereifer liegen sie dauernd daneben. Vorsorge wird um den Preis der Sorge erkauft, und ein Zuviel davon macht die Vorteile, die sie bringt, wieder zunichte.

Das zweite Charakteristikum will ich einmal *Polaritätsbewußtsein* nennen. Das ist die klare Erkenntnis dessen, daß Zustände, Dinge und Ereignisse, die wir normalerweise als gegensätzlich bezeichnen, voneinander abhängig sind wie Vorder- und Rückseite oder die Pole eines Magneten. Bei polarem Bewußtsein sieht man, daß Dinge, die sich äußerlich unterscheiden, innerlich eins sind: das Selbst und der andere, Subjekt und Objekt, links und rechts, männlich und weiblich — ferner, und das ist schon überraschender, Masse und Raum, Gestalt und Hintergrund, Impuls und Pause, Heilige und Sünder wie auch Polizei und Kriminelle, Insider und Outsider. Jedes einzelne läßt sich nur im Verhältnis zum andern definieren, bedingt das andere wie der Kauf den Verkauf, denn was nicht gekauft wird, kann auch nicht verkauft werden, und umgekehrt. Sowie dieses Bewußtsein zunimmt, merkst du, daß du selbst ein solches polares Verhältnis zur Außenwelt hast, in dem du von ihr ebenso abhängig bist wie sie von dir. Du gibst, was sie nimmt, und sie gibt, was du nimmst — eine Hand wäscht die andere. Aber wäscht die rechte Hand die linke oder die linke Hand die rechte?

Diese Empfindung ist zu Anfang sehr eigenartig, so als ob dir deine eigene Stimme sofort nach jedem Satz von einem Aufnahmegerät wieder vorgespielt würde. Du bist verwirrt und wartest darauf, daß *sie* weiterspricht. Genauso hast du das Gefühl, daß du das bist, was die Welt aus dir macht, und daß gleichzeitig die Welt das ist, was du aus ihr machst — und das stimmt auch, zumindest neurologisch, denn unser Gehirn mit seiner Spezialstruktur transformiert Sonne in Licht und Luftschwingungen in Klang. Das ist unsere normale Beziehung zur Außenwelt, daß wir manchmal meinen, sie tanze nach unserer Pfeife, und ein andermal, wir tanzten nach ihrer. Aber wenn wir beide in Wirklichkeit eins sind, wer tanzt dann mit wem? Wo setzt die Handlung ein, und bei wem liegt die Verantwortung?

Wenn ich das bin, was die Welt aus mir macht, wie kann ich dann sicher sein, daß ich mich in zwei Sekunden noch an die englische Sprache erinnere? Und wenn die Welt das ist, was ich aus ihr mache, wie kann ich sicher sein, daß mein Gehirn Sekunden später noch weiß, wie es Sonne in Licht umwandelt? Das psychedelische Erlebnis kann durch solche ungewohnten Sinneswahrnehmungen Verwirrung, Paranoia und Horror hervorrufen — obgleich der betreffende Mensch seine Beziehung zur Welt genauso erlebt, wie ein Biologe, Ökologe oder Physiker sie beschreiben würde, denn er erlebt sich selbst im einheitlichen Feld von Organismus und Umgebung.

Das dritte Charakteristikum, das sich aus dem zweiten ergibt, ist das *Relativitätsbewußtsein*. Ich erkenne, daß ich ein Glied in der unendlichen Abfolge von Vorgängen und Wesen bin, die von Molekülen über Bakterien und Insekten bis hin zu menschlichen Wesen reicht, vielleicht auch bis zu Engeln und Göttern — einer Hierarchie, bei der sich im Endeffekt auf jeder Ebene die gleiche Situation wiederholt. Der Arme zum Beispiel sorgt sich um Geld, während der Reiche sich um seine Gesundheit sorgt: Sorge bleibt Sorge, es besteht nur ein Unterschied in Art und Dimension. Ich könnte mir vorstellen, daß Obstfliegen sich ebenso wie Menschen selbst erleben, denn genau wie wir glauben sie sich im Mittelpunkt ihrer Welt — mit ungeheuer großen Dingen über sich und kleineren unter sich. Für uns sehen sie alle gleich aus und haben anscheinend keine Persönlichkeit — wie die Chinesen, solange wir nicht unter ihnen gelebt haben. Und doch müssen Obstfliegen ebensoviele feine Unterschiede aneinander wahrnehmen wie wir an uns.

Von hier aus ist es nur noch ein kleiner Schritt zu der Erkenntnis, daß alle Lebens- und Seinsformen lediglich Variationen zu einem einzigen Thema sind: Wir alle sind im Grunde *ein* Wesen, das ein und dieselbe Sache auf möglichst viele verschiedene Weisen durchführt. Im französischen Sprichwort heißt es: *Plus ça change, plus c'est la même chose* — „Je mehr sich etwas ändert, desto mehr bleibt es sich selbst gleich." Dabei geht mir auf, daß das Erlebnis der Unausweichlichkeit des Todes das gleiche ist wie das Gefühl, lebendig zu sein, und daß, da alle Wesen dies ebenso empfinden, sie alle genauso „ich" sind wie ich selbst. Allerdings muß das „Ich"-Gefühl, um überhaupt empfunden zu werden, immer ein Gefühl bleiben, das in Relation zum „anderen" besteht, zu etwas, das sich meiner Kontrolle und Erfahrung entzieht. Um überhaupt da zu sein, muß ich anfangen und aufhören. Aber der intellektuelle Höhenflug, den mystische und psychedelische Erlebnisse in Gang setzen, öffnet dir die Augen dafür, daß du selbst all diese Myriaden von Ich-Zentren bist — nicht etwa dein persönliches, dir vorübergehend bewußtes Ego, sondern das, was die Hindus *Paramatman* nennen, das Allselbst.[1] Wie die Netzhaut uns dazu befähigt, zahllose Energieimpulse als *ein* Licht zu sehen, zeigt uns das mystische Erlebnis unzählige Individuen als *ein* Selbst.

Das vierte Charakteristikum ist das *Bewußtsein vom ewigen Energiestrom*, das sich oftmals in Form von intensivem weißem Licht einstellt und zum einen durch die Nerven zu fließen scheint, zum andern wohl das mysteriöse E ist, das gleich mc ist. Das klingt nach Megalomanie, aber man erkennt ganz deutlich, daß alle Existenz reine Energie ist und daß diese Energie das eigene Sein ist. Natürlich gibt es noch Tod und Leben, denn Energie pulsiert, und wie die Wellen Kämme und Täler bilden, geht das Seinserlebnis an und aus. Du brauchst dir also eigentlich gar keine Sorgen zu machen, denn du selbst bist ja die ewige Energie des Alls, das mit sich Versteck spielt. Du bist im Grunde Gott selber, denn Gott ist alles, was ist. Ich zitiere in diesem Zusammenhang eine gar nicht so unpassende Stelle aus Jesajah: „Ich bin der Herr, und keiner mehr; der ich das Licht mache und schaffe die Finsternis; der ich Frieden gebe und schaffe das Übel. Ich bin der Herr, der solches alles tut."[2] Das ist der Sinn des Hauptprinzips des Hinduismus, *Tat tvam asi* — „DAS (d.h. diese höchste Wesenheit, aus der das ganze Universum besteht) bist du."[3] Ein klassisches Erlebnis dieser Art ist in Tennysons *Erinnerungen* beschrieben:

> Von Kindheit an bin ich gelegentlich in eine Art Wachtrance gefallen, wenn ich völlig allein war. Meist überkam es mich, sobald ich mir selbst meinen eigenen Namen zwei- oder dreimal wiederholte, bis ganz plötzlich, wie durch die Intensität des Bewußtseins meiner Individualität, diese Indi-

1 Der Hinduismus betrachtet die Welt nicht als Machwerk, sondern als unermeßlich vielgestaltiges Schauspiel, in dem ein einziger Spieler (der *Paramatman* oder *Brahman*) in verschiedenen Verkleidungen und Masken (*Personae*) alle Rollen spielt. Das Empfinden, ausschließlich ein bestimmtes Selbst zu sein, nämlich Fritzchen Müller, entsteht dadurch, daß der eine Schauspieler vollkommen in dieser wie auch in jeder andern Rolle aufgeht. Wer mehr darüber wissen will, lese Sarvepalli Radhakrishnans *Indisches Erbe*, Gladenbach 1980 (zuerst erschienen 1927), Heinrich Zimmers *Philosophie und Religion Indiens*, Frankfurt 1973 (S. 300-414); schließlich als neuere Version noch mein eigenes Buch *Die Illusion des Ich*, München 1980.

2 Jesajah 45, 6 u. 7.

3 Chandogya Upanishad 6, 15, 3.

> vidualität sich aufzulösen und dahinzuschwinden schien in grenzenloses Sein, und das war kein Zustand der Verwirrung, sondern das Klarste vom Klaren, das Sicherste vom Sicheren, das Sonderbarste vom Sonderbaren, etwas, für das es keine Worte gibt, wo der Tod lachhaft erschien und der Persönlichkeitsverlust (falls es so etwas gab) nicht Auslöschen bedeutete, sondern das einzig wahre Leben.*

Offenbar sind diese Grundzüge der psychedelischen Erfahrung, wie ich sie erlebt habe, Aspekte eines einzigen Bewußtseinszustandes — ich habe immer die gleiche Sache beschrieben, nur aus verschiedenen Blickwinkeln. Die Beschreibungen versuchen, den Wirklichkeitsgehalt meiner Erfahrung zu übermitteln, und dabei decken sie auch einige der Widersprüche zwischen solchem Erleben und den Werten unserer heutigen Gesellschaft auf.

Der Widerstand gegen die Legalisierung psychedelischer Drogen hat seinen Ursprung in religiösen wie auch weltlichen Wertvorstellungen. Daß es so schwierig ist, psychedelische Erlebnisse in der gebräuchlichen Sprache der Religion wiederzugeben, mag mit ein Grund für diesen Widerstand sein. Ein Mensch des westlichen Kulturkreises muß Worte wie *Samadhi* oder *Moksha* dem Hinduismus entlehnen oder *Satori* und *Kensho* dem Japanischen, um die Erfahrung des Einsseins mit dem Universum beschreiben zu können. Wir haben keine treffenden Worte dafür, denn unsere Theologien, die jüdische wie die christliche, lehnen den Gedanken ab, daß des Menschen innerstes Selbst mit dem Göttlichen identisch sei, wenn auch die Christen mitunter darauf bestehen, mit Jesus Christus sei das etwas anderes gewesen. Juden und Christen stellen sich Gott in politischen und monarchischen Begriffen vor, als Weltoberkommandierenden, als obersten Boss. Offensichtlich ist es gesellschaftlich untragbar wie auch sehr überheblich, wenn ein Mensch von sich behauptet, er sei der allmächtige, allwissende Beherrscher der Welt — und fordere nun auch die schuldige Aufmerksamkeit und Ehre.

Solch eine imperiale, königliche Auffassung von der letzten Wirklich-

* *Alfred Lord Tennyson, A Memoir by His Son* („Alfred Lord Tennyson, Erinnerungen seines Sohnes"), 1898, 1. Bd., S. 320.

keit ist jedoch weder notwendig noch allgemeingültig. Inder und Chinesen haben keine Schwierigkeiten, sich eine Identität von Selbst und Gott vorzustellen. Nach Ansicht der überwiegenden Mehrheit der Asiaten, ausgenommen allerdings Moslems, bewegt und manifestiert Gott die Welt, wie ein Tausendfüßler seine tausend Beine in Gang hält: von innen heraus, ohne Überlegung und Planung. Mit andern Worten, sie begreifen das Universum als etwas Organisches und nicht als Mechanismus. Sie betrachten es nicht als Artefakt, als Machwerk, das unter der planvollen Regie irgendeines obersten Technikers, Ingenieurs oder Architekten entstanden wäre.

Wenn nun in der christlichen oder jüdischen Tradition ein Mensch von sich behauptet, er sei eins mit Gott, wird er unweigerlich als gotteslästerlich (subversiv) oder geistesgestört bezeichnet. Seine mystische Erfahrung stellt eindeutig eine Bedrohung für die traditionellen religiösen Anschauungen dar. Die jüdisch-christliche Tradition ist durch eine monarchische Gottesvorstellung gekennzeichnet; Monarchen aber herrschen mit Gewalt und fürchten nichts so sehr wie Auflehnung. Mystiker waren der Kirche von jeher höchst verdächtig, denn sie verhalten sich aufrührerisch und beteuern, Gott ähnlich oder gar mit ihm identisch zu sein. Deshalb wurden Duns Scotus und Meister Eckhart als Ketzer verdammt. Und das ist auch der Grund für die Ablehnung, die die Quäker wegen ihrer Doktrin vom Inneren Licht erfuhren und wegen ihrer Weigerung, in Kirchen und vor Gericht den Hut abzunehmen. Einige wenige Mystiker sind gerade noch akzeptabel, solange sie ihre Zunge im Zaum halten, wie einst die heilige Theresia von Avila und Johannes vom Kreuz, die sozusagen eine respektvolle metaphysische Distanz zu ihrem himmlischen König hielten. Nichts könnte die kirchliche Hierarchie mehr erschüttern als eine allgemeine Hinwendung zur Mystik, denn das würde womöglich in einer Demokratisierung des Reiches Gottes gipfeln — und darüber sind Katholiken, Juden und bibelgläubige Protestanten gleichermaßen beunruhigt.

Die monarchische Gottesvorstellung und der damit verbundene tiefe Widerwille gegen religiösen Ungehorsam hat größeres Gewicht, als viele Christen sich eingestehen wollen. Königsthrone pflegen dicht an der Wand zu stehen, und wer zu Hofe geht, muß sich niederwerfen oder niederknien, weil er aus dieser unangenehmen Position heraus keinen plötzlichen Angriff wagen kann. Wahrscheinlich ist den Christen nie aufgegangen, daß sie den Königshof zum Vorbild für den Kirchenbau (Basilika) genommen haben und mit ihren kirchlichen Ritualen insgeheim andeuten, daß Gott, wie ein menschlicher Herrscher, Angst hat. Das kommt auch in den Gebetsschmeicheleien zum Ausdruck:

> Oh Herr, unser himmlischer Vater, hoch und mächtig, König der Könige und Herrscher über die Fürsten, der Du von Deinem Thron ansiehst alle Bewohner der Erden: Wir bitten Dich von ganzem Herzen, sei uns gnädig . . .

Wer also im Westen behauptet, sich seiner Einheit mit Gott oder dem Universum bewußt zu sein, kollidiert mit der Religionsauffassung seiner Gesellschaft. Bei den meisten Kulturen Asiens hingegen wird ein solcher Mensch dazu beglückwünscht, daß er das tiefste Geheimnis des Lebens ergründet hat. Per Zufall oder durch Disziplinen wie Yoga oder Zen-Meditation hat er einen Bewußtseinszustand erreicht, in dem er intensiv und unmittelbar erlebt, was unsere Wissenschaftler rein theoretisch annehmen. Denn Ökologen, Biologen und Physiker wissen (seltener fühlen) sehr wohl, daß Organismus und Umgebung verhaltensmäßig und funktionell unzertrennlich miteinander verbunden sind. Es besteht keinerlei Möglichkeit, das, was sich in einem bestimmten Organismus abspielt, von dem zu trennen, was sich in seiner Umgebung tut, und deshalb sprechen Ökologen in diesem Zusammenhang nicht von Organismen und ihrer Umgebung, sondern von „Biotopen". Die Worte „Ich" und „Selbst" sind demnach eigentlich eine Bezeichnung für das, was das gesamte Universum in diesem Fritzchen Müller genannten „Hier und Jetzt" erlebt.

Die Vorstellung von einem Gottkönig macht es geradezu unmöglich, die Identität des Selbst mit Gott oder der Welt in Worte aus unserer eigenen religiösen Tradition zu fassen. Östliche und westliche Vorstellungen vom Menschen und seinem Universum gehen jedoch so weit auseinander, daß sie rein religiöse Anschauungen bei weitem überschreiten. Ein westlicher Wissenschaftler mag den Gedanken eines Biotops zwar verstandesmäßig begreifen, aber seinem *Gefühl* nach ist er weit von diesem

Verständnis entfernt. Kultur und Gesellschaft haben ihn darauf fixiert, sich als Ego zu erleben — als isoliertes, in Haut verpacktes Bewußtseins- und Willenszentrum, das sich einer feindlichen Außenwelt gegenübersieht. Wir sagen: „Ich bin in diese Welt gekommen." Mitnichten! Wir sind *aus* ihr gekommen, wie Früchte aus Bäumen wachsen.

Eine solche Auffassung von der Welt steht allerdings ebenso in Widerspruch zu der Vorstellung eines Gottkönigs wie zu der Idee eines persönlichen Egos und zu der am Diesseits orientierten atheistisch-agnostischen Einstellung, die ihren Ursprung in der Mythologie des wissenschaftsgläubigen 19. Jahrhunderts hat. Nach deren Anschauung ist das Universum ein unbeseelter Mechanismus, und der Mensch — eine Art Zufallsmikroorganismus — verpestet eine kleine steinige Kugel, die sich um einen unbedeutenden Stern im äußersten Randbezirk einer zweitrangigen Galaxie dreht. Eine derart ernüchternde Theorie vom Menschen paßt gut ins Konzept solcher Halbwissenschaftler, wie es viele Soziologen, Psychologen und Psychiater sind, die noch immer am Newtonschen Weltmodell kleben und nie richtig Schritt gehalten haben mit den Ideen Einsteins und Bohrs, Oppenheimers und Schrödingers. Kein Wunder, daß ein normaler Anstaltspsychiater bei jedem Patienten, der auch nur andeutungsweise ein mystisches oder religiöses Erlebnis erwähnt, sofort Geistesgestörtheit diagnostiziert. Nach den Regeln der mechanistischen Religion ist der Patient ein Ketzer und muß mit Elektroschock behandelt werden, jener zeitgemäßen Form von Daumenschrauben und Streckfolter. Übrigens sind es genau diese Halbwissenschaftler, die in ihrer Funktion als Berater der Regierungs- und Rechtsgewalt die offizielle Drogenpolitik diktieren.

Wer unfähig ist, ein mystisches Erlebnis als solches anzuerkennen, beweist nicht nur intellektuelle Unvollkommenheit. Sich der inneren Einheit von Organismus und Umwelt nicht bewußt zu sein, zeugt von einem schwerwiegenden und gefährlichen Wahn. Denn in einer Zivilisation, deren Technik so ungeheuer eskaliert, führt die Entfremdung zwischen Mensch und Natur dazu, diese Technik in feindlicher Absicht anzuwenden — zur „Eroberung" der Natur, statt zu einer vernünftigen Kooperation *mit* der Natur. Die Folge ist, daß wir unsere Umwelt allmählich zerstören, sie in ein riesiges Los Angeles verwandeln, statt sie zu zivilisieren.

Das ist das Damoklesschwert, das über der westlichen Technokratie schwebt, und allem Anschein nach helfen dagegen weder klare Beweise noch Moralpredigten. Wir sprechen einfach nicht mehr an auf die prophetischen und moralisierenden Bekehrungsversuche, auf die Juden und Christen stets gebaut haben. Die Menschen haben eher ein unbestimmtes Gespür dafür, was ihnen guttut — man könnte es vielleicht unbewußten Selbstheilungs- oder Überlebenstrieb nennen. Zum Beispiel zeigen gebildete junge Leute ein überraschendes, noch nie dagewesenes Interesse an Veränderungen des menschlichen Bewußtseins. Überall in der westlichen Welt werden Millionen Bücher über Yoga, Vedanta, Zen-Buddhismus und den chemisch durch psychedelische Drogen hervorgerufenen Mystizismus verkauft, und ich bin mittlerweile zu der Überzeugung gelangt, daß der ganzen antikonformistischen („Hip"-)Subkultur, wie falsch sie auch in manchen Dingen liegen mag, eine ernstgemeinte, verantwortungsbewußte Anstrengung der Jungen zugrunde liegt, den selbstzerstörerischen Kurs der industriellen Zivilisation zu korrigieren.

Das mystische Erlebnis ist inhaltlich also weder mit den religiösen noch mit den weltlichen traditionellen Denkmodellen des Westens vereinbar. Auch führen mystische Erfahrungen oft zu Anschauungen, die eine Bedrohung der Autorität sowohl der institutionalisierten Kirchen als auch der Gesellschaft darstellen. Wer eine mystische Erfahrung gemacht hat, hat keine Todesfurcht mehr und legt keinen Wert auf weltliche Ambitionen, er ist Drohungen und Versprechungen gegenüber taub geworden. Zudem läßt seine Auffassung von der Relativität von Gut und Böse den Verdacht aufkommen, er sei gewissenlos und mißachte das Gesetz. Wenn in den Vereinigten Staaten das gebildete Bürgertum Psychedelika anwendet, bedeutet das, daß ein wesentlicher Teil der Bevölkerung auf überkommene gesellschaftliche Wertvorstellungen pfeift.

Theoretisch ist es durchaus mit der politischen Vision Amerikas vereinbar, wenn mitten in der Gesellschaft eine Gruppe existiert, die nicht an den konventionellen Werten festhält. Aber leider besteht eines der größten Probleme der Vereinigten Staaten in rechtlicher wie politischer Hinsicht darin, daß eigentlich nie jemand genug Zivilcourage hat, zu dieser Vision zu stehen. Demokratie gründet sich auf den überaus vernünftigen Grundsatz, daß eine menschliche Gesellschaft nur auf der Grundlage gegenseitigen Vertrauens bestehen und gedeihen kann. Metaphysisch gesehen war die amerikanische Revolution eine Verwerfung des Dogmas von der Erbsünde, also des Gedankens, daß man weder sich selbst noch andern trauen kann und daß deshalb eine Höchste Instanz da sein muß, die für Ordnung sorgt. Wenn es aber stimmt, daß wir weder uns selbst noch andern trauen können, dürfen wir (und darum wurde mit diesem Dogma aufgeräumt) auch der Höchsten Instanz nicht vertrauen, der wir uns ja unserer Vorstellung gemäß zum Gehorsam verpflichtet fühlen, und folglich steht die ganze Idee von unserer Vertrauenswürdigkeit auf tönernen Füßen.

Die Bürger der Vereinigten Staaten sind (zumindest auf dem Papier) der Meinung, eine Demokratie sei die beste Staatsform. Doch welche Verwirrung entsteht, wenn man eine demokratische Politik betreiben, gleichzeitig aber auch eine monarchistische religiöse Auffassung akzeptieren soll! Wie kann eine Demokratie die beste Staatsform sein, wenn Weltall, Himmel und Hölle eine Monarchie sind?* Wen wundert es da noch, daß sich die Bürger der Vereinigten Staaten, obwohl sie theoretisch eine frei gewählte Regierung haben, die auf gegenseitigem Vertrauen beruht, auf Grund ihrer autoritären religiösen oder ethnischen Traditionen einen ungemein naiven Glauben an Recht und Gesetz als eine Art übernatürlicher Autorität bewahrt haben? „Es müßte ein Gesetz dagegen geben!" Unsere Gesetzeshüter hingegen fühlen sich dadurch gehindert und irritiert — um nicht zu sagen korrumpiert —, denn sie sollen Luxusgesetze durchführen, die oft genug unter kirchlichem Einfluß entstehen, an die sich eine Unzahl von Leuten gar nicht halten will und die sowieso nur unter größten Schwierigkeiten oder überhaupt nicht durchführbar sind, wie beispielsweise den internationalen oder innerstaatlichen Handel mit dem praktisch unaufspürbaren LSD-25 zu verbieten.

* Bis vor kurzem war in den USA der Glaube an ein Höchstes Wesen ein juristisch anerkanntes Motiv für die Wehrdienstverweigerung aus Gewissensgründen. In der Auslegung hieß das, der jeweilige Verweigerer fühle sich dazu verpflichtet, einer höheren Instanz als dem Präsidenten oder dem Kongreß zu gehorchen. In diesem Fall stimmten militärisches und monarchisches Denken überein. Verweigerer hingegen, die als Buddhisten oder Materialisten für eine organische Welttheorie eintraten, hatten oft Schwierigkeiten, anerkannt zu werden.

Es gibt zwei typische Einwände gegen die Anwendung psychedelischer Drogen. Erstens: Der Gebrauch solcher Drogen könne gefährlich sein. Nun ja, jedes lohnende Forschungsprojekt ist gefährlich — Bergsteigen, Testfliegen, Raumfahrt, Tauchen oder Botanisieren im Urwald. Aber wenn man die damit verbundene Forscherfreude und die Kenntnisse, die man dabei sammelt, höher wertet als eine langweilige Lebensroutine, ist man auch bereit, Risiken einzugehen. Es tut Mönchen nicht unbedingt gut, Fastenübungen einzuhalten, und es war kaum Jesu Gesundheit zuträglich, sich kreuzigen zu lassen, aber das sind nun einmal die Risikofaktoren, mit denen man im Verlauf spiritueller Abenteuer rechnen muß. Heutzutage wagen sich die jungen Leute abenteuerlustig an die Erforschung der Psyche, und dabei erproben sie ihren Mut genauso, wie andere es früher — und ungestümer — bei der Jagd, bei Duellen, bei Hot-Rod-Rennen oder beim Fußball getan haben. Was sie brauchen, sind nicht etwa Verbote und Polizisten, sondern die verständnisvollsten Ratschläge und Ermutigungen.

Zweiter Einwand: Drogenkonsum sei eine Flucht vor der Wirklichkeit. Diese Kritik geht jedoch von der falschen Annahme aus, mystische Erlebnisse seien realitätsfern und unwirklich. Gerade mit LSD ist keineswegs eine sanfte, angenehme Flucht aus der Realität möglich. LSD kann leicht zu einem Erlebnis führen, in dem die Seele gegen alle Teufel der Hölle bestehen muß. Bei mir war es zuzeiten so, daß ich mich ganz plötzlich in den Windungen meiner Gedankengänge verlor und doch diese Verlorenheit mit der exakten Systematik von Logik und Sprache nachvollzog — ich war völlig ausgeflippt und gleichzeitig völlig normal. Aber abgesehen von diesen gelegentlichen Wahnvorstellungen und Irrfahrten erlebt man die Welt als ein System vollkommener Harmonie und Herrlichkeit, und dann muß man die Selbstdisziplin aufbringen, auch dieses Erlebnis mit Logik und Sprache nachzuvollziehen, um sich darüber klar zu werden, wie das, was William Blake als „Energie der ewigen Verzückung" bezeichnete, mit dem leidigen Elend des täglichen Lebens zusammenpaßt.*

* Dieses Thema wird ausführlich behandelt in A. Watts: *Kosmologie der Freude*, Melzer 1972

Psychedelika werden fast immer zum Zwecke mystischer oder religiöser Versenkung angewendet. Deshalb ist es nötig, daß jedermann der verantwortungsvolle Gebrauch solcher Substanzen freigestellt wird, auch wenn sich manche davon als gesundheitsschädlich erweisen sollten, und daß sie in jeder Demokratie, in der Staat und Kirche konstitutionell voneinander getrennt sind, legal gehandelt werden dürfen. Mit „verantwortungsvoll" meine ich, daß derartige Drogen nur an selbstentscheidende Erwachsene ausgegeben und auch nur von solchen genommen werden sollten. Wer Cannabis verwendet, hat ganz besonders große Schwierigkeiten, seine „mystischen und religiösen Intentionen" zweifelsfrei vor Gericht zu vertreten. Hat er eine so schwerwiegende Freveltat erst einmal begangen, stehen seine Chancen besser, wenn er ein reumütiges Verhalten an den Tag legt, das sich allerdings nicht mit der ernsthaften Überzeugung zusammenreimen läßt, der Hanfgebrauch diene religiösen Zwecken. Aber wenn er verstockt darauf beharrt, für ihn sei der Cannabisgebrauch ein religiöes Sakrament, werden etliche Richter seine „Einstellung" tadeln, weil sie Aufsässigkeit bezeige und der Schwere des Verbrechens unangemessen sei, und schon würde das Urteil viel härter ausfallen. Dem Beschuldigten sind also beide Hände gebunden, denn verurteilt wird er in jedem Fall, ob er nun das eine oder das andere tut. Außerdem gilt man allgemein erst dann als „gläubig" — wie bei der Wehrdienstverweigerung aus Gewissensgründen —, wenn man einer institutionalisierten Kirche oder Religion angehört, die eine nennenswerte Anhängerschaft hat. Da jedoch Cannabisgebrauch in jedem Fall eine Straftat ist, würden alle, die sich zu einer solchen Organisation zusammenschließen, sofort Verdacht erregen, und sie hätten es schwer, ihre lauteren Absichten unter Beweis zu stellen. Man vergißt gemeinhin, daß unser verfassungsmäßiges Recht auf freie Religionsausübung dazu gedacht war, eben diejenigen zu schützen, die *nicht* einer institutionalisierten Gruppierung angehören, nämlich Außenseiter (später hielt man sie für staatsgefährdende Elemente) wie Quäker, Shaker, Leveller und Wiedertäufer. Es steht wohl außer Zweifel, daß Leute, die aus religiösen Gründen Cannabis oder andere Psychedelika verwenden, mittlerweile religiös Verfolgte sind, deren Anschauungen in den Augen der übrigen Bevölkerung eine Bedrohung für die „geistige Gesundheit" darstellen, wie man den überholten Begriff „Seelenheil" heutzutage zu umschreiben pflegt. Immer die gleiche Leier.

Wo die mystische Erfahrung in der Tradition echter Religiosität steht, auch wenn sie durch psychedelische Drogen hervorgerufen wird, hat der Drogenkonsument ein Recht auf den in der Verfassung garantierten Schutz. Vor allem dann, wenn sich solche Drogen für die religionspsychologische Forschung als nützlich erweisen, müßte es allen Geisteswissenschaftlern freigestellt bleiben, nötigenfalls davon Gebrauch zu machen. Ich selbst habe mich dem Studium der Religionspsychologie verschrieben, kann jedoch bei der gegenwärtigen Gesetzgebung keine ernsthafte Forschungsarbeit auf diesem Gebiet betreiben. Das ist eine barbarische Beschneidung meiner seelischen und geistigen Freiheit und legt die Vermutung nahe, daß das Rechtswesen der Vereinigten Staaten doch insgeheim mit dem monarchischen Weltmodell übereinstimmt und daß deswegen religiöse Vorstellungen und Praktiken, die auf einer organischen, ganzheitlichen Sicht der Welt beruhen, verboten und verfolgt werden.*

* Amerikanische Indianer, die der Native American Church angehören und bei ihren Ritualen den psychedelischen Peyote-Kaktus anwenden, sind entschieden gegen eine staatliche Verwaltung dieser Pflanze, auch wenn ihnen das Recht auf deren Gebrauch zugesichert würde. Ihrer Meinung nach ist Peyote ein Naturgeschenk Gottes an die Menschheit und speziell an die Einwohner des Landes, in dem er wächst, so daß keine Regierung sich das Recht herausnehmen dürfte, den Konsum dieser Pflanze in irgendeiner Weise zu hindern. Genauso könnte man im Hinblick auf Cannabis oder den Pilz *Psilocybe mexicana Heim* argumentieren. Dabei handelt es sich durchweg um natürliche Pflanzen, nicht um chemisch bzw. synthetisch hergestellte Drogen, und wer will die Leute davon abhalten, sie zu sich zu nehmen? Es gibt kein Gesetz, das den Verzehr oder Anbau des *Amanita pantherina*, des Pantherpilzes, verbietet, obgleich dieser hochgiftig ist und nur von Kennern von einem weitverbreiteten eßbaren Pilz unterschieden werden kann. Diesen Standpunkt müßte der verstehen, der an das monarchische Weltbild des Judaismus und des Christentums glaubt, denn beide Religionen vertreten die in der Genesis belegte Auffassung, daß alle von Gott geschaffenen natürlichen Stoffe ihrem Wesen nach gut sind und sich nur bei Mißbrauch schlecht auswirken. Folglich stehen Gesetze gegen den bloßen Besitz oder auch den Anbau dieser Pflanzen im Widerspruch zu den biblischen Grundsätzen, und nur diejenigen dürften strafrechtlich verfolgt werden, die nachweislich Mißbrauch mit solchen Gewächsen treiben. „Und Gott sprach: ‚Sehet da, ich habe euch gegeben allerlei Kraut, das sich besamt, auf der ganzen Erde, und allerlei fruchtbare Bäume, die sich besamen, zu eurer Speise.'. . . Und Gott sah an alles, was er gemacht hatte; und siehe da, es war sehr gut" (Mose 1, 29 u. 31).

Sieben kurze Essays

Der Urmythos

Nach altindischer Überlieferung

Am Anfang — und das ist nicht etwa lange her, sondern jetzt-und-immer — ist das Selbst. Jeder kennt das Selbst, aber niemand vermag es zu beschreiben, es ist wie das Auge, das sieht, ohne sich selbst zu sehen. Überdies ist das Selbst das, was da ist, alles, was da ist, und deshalb kann es nicht bei Namen genannt werden. Es ist weder alt noch neu, weder groß noch klein, weder geformt nach formlos. Da es kein Gegenüber hat, ist es das, was alle Gegensätze gemeinsam haben: Es ist der Grund dafür, warum es kein Weiß ohne Schwarz und keine Form ohne Leere gibt. Dennoch hat das Selbst zwei Seiten, nämlich ein Innen und ein Außen. Das Innere wird als *Nirguna* bezeichnet, das heißt, es hat keine Eigenschaften, so daß nichts darüber gesagt oder gedacht werden kann. Das Äußere wird *Saguna* genannt, was soviel heißt wie ewige Wirklichkeit, Bewußtheit und Freude. Die nachfolgende Geschichte bezieht sich also auf die *Saguna*-Seite.

Aus lauter Freude ist das Selbst fortwährend im Spielen begriffen, und sein Spiel, *Lila* genannt, ist vergleichbar mit Gesang und Tanz, die sich aus Klang und Stille, Bewegung und Ruhe formen. Das Selbst vergnügt sich damit, sich in einem Versteckspiel ohne Anfang und Ende zu verlieren und wiederzufinden. Verliert es sich, ist auch keine Erinnerung mehr daran da: Es vergißt, daß es die eine und alleinige Wirklichkeit ist, und spielt einfach die Unzahl von Wesen und Dingen, aus denen die Welt besteht. Findet es sich wieder, kommt die Erinnerung zurück: Es entdeckt aufs neue, daß es immer und ewig das Eine hinter dem Mannigfaltigen ist, der Stamm im Innern der Äste, und daß der Schein vom Vielerlei trügt, denn er ist *Maya*, das heißt Illusion, Kunst und Magie.

Das Spiel des Selbst ist demnach eine Art Theaterstück, in dem es sowohl Schauspieler als auch Publikum ist. Wer ein Theater besucht, weiß sehr wohl, daß alles, was er sieht, nur ein Spiel ist, aber ein guter Mime schafft eine *Maya*, eine täuschend echte Wirklichkeit, die das Publikum in Entzücken oder Angst versetzt, zum Lachen oder Weinen bringt. Freude oder Leid aller Wesen sind also nichts anderes als das Hingerissensein des Selbst als Publikum von sich selbst als Schauspieler.

Eine der vielen Erscheinungsformen des Selbst ist *Hamsa*, der Göttliche Vogel, der die Welt in Form eines Eis legt. Es heißt auch, mit der Silbe *ham* atme das Selbst aus, wobei es alle Galaxien in den Himmel verstreut, und mit der Silbe *sa* atme es ein und ziehe alle Dinge in ihre ursprüngliche Einheit zurück. Wiederholt man nun die Silben *ham-sa*, können sie sich auch wie *sa-ham* oder *sa-aham* anhören, und das bedeutet „ich bin das" oder: DAS (das Selbst) ist das, was jedwedes Wesen ist. Das ausatmende Selbst wird Brahma, der Schöpfer, genannt. Beim Atemanhalten wird das Selbst Vishnu, der Erhalter all dieser Welten, genannt. Und das einatmende Selbst wird Shiva, Zerstörer der Illusion, genannt.

Folglich ist das hier eine Geschichte ohne Anfang und Ende, denn für immer und ewig atmet das Selbst aus und ein, verliert es sich und findet sich wieder. Diese Zyklen werden manchmal Tage und Nächte genannt — jeder Tag und jede Nacht dauert ein *Kalpa*, und das sind nach unserer Rechnung 4.320.000 Jahre. Ein Tag oder *Manvantara* ist nochmals in vier *Yuga* oder Epochen unterteilt, die nach den Würfen beim Würfelspiel benannt sind: Das erste ist *Krita*, der vollendete Wurf mit der Punktzahl vier, das zweite *Treta* mit der Punktzahl drei, das dritte *Dvapara* mit der Punktzahl zwei und das vierte *Kali*, der schlechteste Wurf, mit der Punktzahl eins.

Krita-Yuga ist das Goldene Zeitalter, die Ära vollkommener Glückseligkeit, in der man sich aller Vielfalt, Form und Schönheit der Sinnenwelt erfreut; sie dauert 1.728.000 Jahre. *Treta-Yuga* ist etwas kürzer, dauert 1.296.000 Jahre und ist einem Apfel, in dessen Kernhaus eine Made sitzt, vergleichbar: Es läuft nicht mehr alles so glatt, und jede Freude ist von leichter Besorgnis überschattet. *Dvapara-Yuga* ist noch kürzer, seine Zeit ist mit 864.000 Jahren bemessen, und jetzt befinden sich die Kräfte des Lichtes und der Finsternis, des Guten und Bösen, des Glückes und Leides im Gleichgewicht. Das Ende der Zeiten kommt mit den 432.000 Jahren des *Kali-Yuga*, in denen Dunkelheit und Verfall über die Welt kommen und das Selbst so in sich selbst verloren ist, daß all sein Entzücken sich als Entsetzen äußert. Zuletzt manifestiert sich das Selbst in der Gestalt Shivas, des Zehnarmigen, Blauhäutigen, der von einem Flammenkranz umgeben ist und den schrecklichen *Tandava*-Tanz tanzt, in dem das Universum, weißglühend von Shivas Hitze, zu Asche und Nichts wird. Aber wenn die Täuschung vergeht, findet sich das Selbst wieder in seiner ursprünglichen Einheit und Glückseligkeit und verweilt dann ein weiteres *Kalpa* von 4.320.000 Jahren im *Pralaya* vollkommenen Friedens, ehe es sich erneut verliert.

Wenn das Selbst ausatmet, entstehen nicht allein Welten wie diese hier oder all jene, die wir am Himmel sehen, sondern daneben noch Welten, die so klein sind, daß ihrer zehntausend in der Zungenspitze eines Schmetterlings verborgen sein können, und andere, die so groß sind, daß dort all unsere Sterne im Auge einer Garnele Platz finden können. Ferner gibt es noch Welten in uns und um uns herum, die wir mit unsern fünf Sinnen gar nicht wahrnehmen können, und all diese Welten, ob groß oder klein, sichtbar oder unsichtbar, sind so zahlreich wie Sandkörner im Ganges.

In allen diesen geschaffenen Welten durchlaufen die fühlenden Wesen ausnahmslos die sechs Pfade oder Abschnitte des Rades der Wiedergeburten. Dazu gehört, im Uhrzeigersinn vom oberen Radrand aus gezählt, als erstes das Reich der *Deva*, das heißt, der Götter und Engel auf dem Gipfel der Glückseligkeit und des spirituellen Erfolgs. Der zweite Abschnitt bezeichnet das Reich der *Ashura*, der dunklen Engel, die das Selbst in heiligem Zorn verkörpern. Der dritte ist das Reich der Tiere, Fische, Vögel und Insekten. Der vierte ist das *Naraka*-Reich abgründigen Jammers und spirituellen Mißerfolgs und liegt ganz unten im Rade; es besteht aus Eishöllen und flammenden Fegefeuern und verkörpert das Selbst in der Ekstase des Schmerzes. Der fünfte ist das Reich der *Preta*, unseliger Geister mit riesigen Bäuchen und winzigen Mündern. Der sechste und letzte ist das Reich der Menschen. Alle Wesen auf den sechs Pfaden sind an das Rad der Wiedergeburten gekettet durch ihr *Karma*, das heißt durch begieriges und absichtsvolles Handeln — gutes wie böses. Jedes Wesen trägt solange Begierde nach den Früchten seines Handelns, wie es in Unkenntnis seiner wahren Natur verharrt und denkt: „Ich bin geworden, und ich werde aufhören zu sein", ohne sich klarzumachen, daß kein „Ich" da ist, kein Selbst außer dem einen, das einzig und ursprünglich und jenseits von Zeit und Raum ist.

So ist es möglich, daß jemand, der alle Ideen und Theorien beiseite läßt und sich aufrichtig auf das Bewußtsein des „Ich-bin" konzentriert, jäh zu der Erkenntnis erwacht, daß nichts selbst ist als das Selbst. Ein solcher wird *Jivanmukta* genannt, denn er ist, obschon noch in seiner individuellen Gestalt, bereits zu Lebzeiten erlöst, ehe alle Welten am Ende der *Kalpa* vergehen. Für ihn gibt es nicht länger selbst und andere, mein und dein, Erfolg und Mißerfolg. Überall, innen wie außen, erblickt er in allen Wesen, allen Dingen und allen Geschehnissen nur das Spiel des Selbst in seinen Myriaden Erscheinungsformen.

Das große Mandala

Zu allen Zeiten waren Menschen von kreisförmigen Symbolen fasziniert, den *Mandalas*, wie sie in Indien genannt werden: Fensterrosetten in gotischen Münstern, byzantinischen Mosaiken in Domkuppeln, den leuchtenden strahlenförmigen Blütenblättern mancher Blumen, dem Aufbau von Schneekristallen, Edelsteinfassungen aus vielfarbigen Juwelen und echten *Mandalas* auf tibetischen Bildern — kreisförmigen Paradiesgärten mit köstlichen Pflanzen und Bäumen um einen inneren Kreis von Dhyani-Buddhas und ihnen dienenden Bodhisattvas. Auch in Dantes Beschreibung seiner Vision am Ende des *Paradiso* ist Gott von Heiligen und Engeln umringt.

Nach C. G. Jungs Meinung ließe sich diese Faszination möglicherweise durch eine Übereinstimmung von *Mandala*-Form und der elementaren Energieform der Psyche erklären. In der Tat trifft man beinahe überall auf das Phänomen, daß das Göttliche als strahlendes Licht beschrieben wird. Manchmal wünsche ich mir, ich hätte die Zeit und Geschicklichkeit, ein solches Bild in all seiner Bewegtheit und in höchster Klarheit von Form und Farbe auf die Kuppel eines Planetariums zu projizieren, wie Jacobs und Belsen bei ihren Wirbel-Demonstrationen.

Ich denke da an einen gleißenden Ausbruch elektrischen bläulichweißen Lichts, der gerade solange anhält, wie die Augen ihn ohne Blendung ertragen, und sich dann zu weißem Gold mildert. Mit dem Licht erklingt ein Ton, das helle, frohlockende Schmettern von Gabriels Posaune, das die Toten aus ihrem Schlaf reißt. Das Lichtmeer fällt (oder steigt) in sein eigenes Zentrum zurück, und dabei bildet sich eine Aureole aus konzentrischen Ringen in fluoreszierendem Rot und dann nacheinander allen Farben des sichtbaren Spektrums — Orange, Gelb, Grün, Indigo, Purpur —, und weiter außen formt sich um eine durchsichtige, fast spiegelnde Schwärze ein weiterer regenbogenfarbiger Kreis, der den inneren einschließt. Während die bunten Kreise entstehen, steigt der Ton in verschiedenen harmonischen Intervallen ab, bis er bei dem glänzenden Schwarz in so tiefem Baß erdröhnt, daß er Mauern zum Erzittern bringt und fühlbar wird; er erzeugt ein Spektrum von Schwingungen, die nur noch mit der Haut zu spüren sind, und wandelt so Schall in Materie aller Art um.

Nun wirken diese Schwingungen auf die Nasenschleimhäute, indem sie eine ganze Prozession von Gerüchen hervorbringen, angefangen mit *Jinko*, dem Buddha wohlgefälligen Duft brennenden Aloeholzes, über Rosen, Nelken und salzigen Seewind weiter hinab zu frisch gemahlenem Kaffee, zu Minze, Thymian und heißem Branntwein bis hin zu erlesenem Käse, zu Ammoniak, Exkrementen und brennendem Blut.

Ringe und Schwingungsfolgen in ihrer Anordnung rühren alle Sinne und Empfindungen an, und während im Lackschwarz Blitze zucken, steigt die Erkenntnis auf, daß Gefühl ein Zyklus ist, in dem höchste Wonne und tiefster Schmerz ein und dasgleiche Extrem sind.

Bisher sind nur Kreise und Sequenzen bildhaft in Erscheinung getreten. Nun aber unterscheiden wir innerhalb der Kreise Strahlen ohne Zahl, die wie Speichen gradlinig aus dem zentralen Licht hervorschießen. Einen Augenblick später wellen sich die Strahlen, und gleichzeitig beginnen die absteigenden Töne zu vibrieren. Auch die Duft-, Gefühls- und Geschmacksschwingungen fangen an, sich ineinander zu mischen und fügen sich nach einer Arithmetik zusammen, die sich immer mehr verdichtet. Schon sind die Kräuselungen mehr als nur wellenförmige Bewegungen: Es sind Kurven, die auf sich selbst zurückführen, Spiralen, die sich winden und wieder lösen und Muster erzeugen, die an sonnenbeschienenen Rauch erinnern oder an Schaum auf sich brechenden Wellen.

Bald darauf entwickelt diese ungeheure Arabeske aus Kräuselformen scharfe Kanten. Die Strahlen verkrümmen sich plötzlich, springen in Winkel, Vierecke, Rauten und Gitterwerk. Gleichzeitig bewegen sich auch die andern Spektren — Klang, Gefühl, Geschmack und Geruch —

in ebensolchen verschiedenen Rhythmen und Mustern. Doch gerade in dem Moment, wo das Gehirn beim Tanz der Schwingungen schier zerspringen will, entstehen die Formen von Farnen und Wedeln, von Wasserläufen und Bäumen, von Meereswogen und Bergen, von Blumen und Muscheln, von Insekten, Fischen und Menschengesichtern — sie alle winden und krümmen sich mit in der Gesamtfigur aus konzentrischen Kreisen.

Eben jetzt wird man gewahr, daß die ganze Szene dreidimensional geworden ist: Der flache Kreis ist eine Kugel, der Klang kommt aus jeder Richtung, und man ist völlig von den Schwingungen der Strukturen und Düfte umgeben. In gewisser Weise ist der Betrachter nun bei diesem Spektakel *Insider*, und sein Gespür für die Gesamtform verliert sich in dem Maße, wie sein Interesse am Detail wächst — an der Ausgestaltung bestimmter Grundzüge, Blumen und Gesichter, Gärten und Städte, Flüsse und Straßen. Im weiteren Verlauf konzentrierten Schauens vereinen sich die Schwingungen von Klang, Fühlbarem, Geruch und Geschmack mit den Details, die das Auge fesseln. Und dann ist, ehe wir uns versehen, das Schauspiel als Ganzes vergessen. Auf einmal finden wir uns und unsere Umgebung so wieder, wie sie sind, hier und jetzt.

Wie man Schwingungen auswählt

Bist du schon bereit, zuzugeben, daß das, was du willst und was du nicht willst, zwei Seiten derselben Sache sind? Daß man eine Form nur vor einem Hintergrund erkennt, daß man sich nur selbst erkennen kann, wenn man auch den anderen wahrnimmt, und daß man Macht, Erfolg und Sicherheit nicht ohne den dauernden Gegensatz von Ohnmacht, Mißerfolg und Ungewißheit erfahren kann? Daß darum all unsere ehrgeizigen Pläne zur Kontrolle der Umwelt und Absicherung unserer Verhältnisse nur Scherz und Spiel sind? Wenn diese Pläne zu ernst genommen werden, arten sie in Gemetzel und Gewalt aus — und das aus reiner Wut, weil wir Probleme zu lösen versuchen, die von vornherein nicht zu lösen sind.

Wenn die Theorie von der Erbsünde, die seit Adam und Eva von Generation zu Generation überliefert wird, überhaupt eine Bedeutung hat, dann die, daß alle Kinder von ihren Eltern und Lehrern, diesen ewigen Besserwissern, einer Gehirnwäsche unterzogen werden, bis sie sich ein für allemal eingeprägt haben, daß Überleben eine verzweifelte Notwendigkeit ist. Sie lernen durch die Reaktionen und Einstellungen der Erwachsenen, daß bestimmte intensive Erlebnisse oder Schwingungen als „schmerzhaft" und „schlecht" einzustufen sind, weil sie Vorboten für das schreckliche Ereignis Tod sind, das eigentlich überhaupt nicht eintreffen dürfte. Ich will einmal zwei Beispiele für diese Gehirnwäsche anführen, um das zugrundeliegende Prinzip zu verdeutlichen — beide aus dem Primärbereich unseres Erlebens.

Wir wissen heute, daß eine Frau bei der Geburt eines Kindes keine

„Wehen" zu erleiden braucht. Sie kann sich geistig umorientieren und das, was bisher „Wehen" genannt wurde, als orgiastische Spannung erfahren, so daß sie das Erlebnis der Geburt ebenso erotisch erregend empfindet wie zuvor das der Empfängnis. — Erwachsene prägen üblicherweise allen Kindern ein, wie wichtig regelmäßige Verdauung ist, aber wenn das Kind fügsam und mit verständlichem Stolz das Werk vollbracht hat, rümpfen sie die Nasen und beschweren sich über den Gestank. Was, zum Kuckuck, wollen denn diese komischen Großen eigentlich, wundert sich das Kind.

Sie wissen es selbst nicht. Sie haben es nie richtig durchdacht. Die Sache ist einfach die, daß der Kosmos ein komplexes, multidimensionales Schwingungssystem ist, gewebt aus kreuz und quer laufenden Spektren, und wir zupfen — wie beim Harfespielen — davon die heraus, die uns wertvoll, wichtig oder angenehm erscheinen, und übergehen oder unterdrücken die, die wir (nach den Regeln unserer nicht immer sehr durchdachten Spiele) für unwichtig oder unangenehm halten. „Negative" Erfahrungen — darunter fallen körperliche Schmerzen, Tod, Erbrechen, Benommenheit und sogar die Fleischeslust (je nach Einstellung) — sind tunlichst zu meiden, ähnlich wie nach den Regeln der westlichen klassischen Musik die „übermäßige Quarte" (z.B. c-fis) als unangenehm und unstatthaft gilt.

Befreiung im Sinne des buddhistischen *Nirvana* oder des hinduistischen *Moksha* ist die Erkenntnis, daß es letzten Endes gleichgültig ist, welche Saiten gezupft werden und was für Schwingungen auftreten. So kann ein großer Yogi voller Gleichmut Schmerzen ertragen, aus dem einfachen Grunde, weil er es sich *erlauben* kann, sich zu krümmen und zu schreien und das Gefühl abscheulich zu finden. Er vertraut darauf, daß seine Natur — das heißt, die Natur schlechthin — den Umständen entsprechend in Aktion tritt. Er weiß, daß Energie immer den Weg des geringsten Widerstandes geht und daß jede Bewegung ein Fallen ist und dem Gesetz der Schwerkraft unterliegt. Immer und überall fühlt er sich dem verpflichtet, was Ananda Coomaraswamy „das fortwährende, unberechenbare Leben in der Gegenwart" genannt hat.

Damit soll nicht der Wert von Kultur, Kunst und Moral geleugnet werden. Im Gegenteil, dies ist deren Grundvoraussetzung, etwa so, wie eine saubere leere Seite die Grundvoraussetzung für dichterisches Schaffen ist. Jeder Schriftsteller, jeder Dichter liebt weißes Papier. Da nun die Natur ein Vakuum verabscheut, saugt sie die schöpferische Energie aus uns heraus. Deshalb erklärt das *Herz-Sutra* des Mahayana-Buddhismus, daß Leere Form ist und Form Leere.

Wer endlich einsieht, daß er in einem Universum lebt, in dem im Grunde „alles erlaubt ist", hat das, was der Mahayana-Buddhismus *Prajna* oder unmittelbare Erkenntnis nennt. Dem *Prajna* untrennbar zugeordnet ist *Karuna*, das Mitleid. Es entsteht aus der Frage: „Da uns ein Universum gegeben ist, in dem alles erlaubt ist, was können wir da an Schönem, Gutem und Fröhlichem tun?" Warum fragt keiner andersherum: „Was können wir an Schrecklichem und Verabscheuungswürdigem tun?" Die Antwort darauf ist irrational oder vielleicht auch überrational. Sie lautet, daß das ganze System von Schwingungsspektren mitsamt den Grenzerfahrungen, die wir jetzt als die reine Hölle bezeichnen, ein Fest der Liebe und Freude ist. Wäre es anders, würde es gar nicht weitergehen. Der sogenannte Überlebenstrieb, aus dem heraus man immer weitermacht, weil man *muß*, ist eine Parodie auf dieses Fest — von Geschöpfen in Szene gesetzt, die verbissen daran festhalten, Fremdlinge im Kosmos und Opfer seiner Machenschaften zu sein. Ein Bodhisattva hat die schöne Aufgabe, sie von eben diesem Glauben zu befreien.

Wenn du mit dir selbst mitschwingst, mit der Schwerkraft, mit der Energie (und dem Weg des geringsten Widerstandes folgst), wirst du merken, daß alle Schwingungen der Natur ekstatisch, erotisch und voller Glückseligkeit sind. Existenz ist Orgasmus. Darum heißt das Schwingungssystem in der Vedanta-Philosophie *Sat-chit-ananda* — Wirklichkeit-Bewußtheit-Ekstase. Daß es *dich* gibt, einfach und frei fallend, ohne daß du dich dafür anstrengen mußt, entspringt der Natur selbst. Du bist keineswegs etwas, das im Energiesystem der Welt gefangen wäre: Du bist das System selbst. Der Tod vernichtet dich nicht; er ist nur eine Form beziehungsweise eine Seite des Spektrums, das du *bist*. Energie kann nie aufhören, denn Energie ist Schwingung, und Schwingung heißt eben: Anfangen *und* Aufhören, auf *und* ab, an *und* aus. Existenz heißt Sein *und* Nichtsein, Masse *und* Raum, Form *und* Leere.

Es ist natürlich leicht, den Weg des geringsten Widerstandes zu gehen, erfordert jedoch auch Verstand. Man folgt ihm nicht etwa, wenn man lediglich das Verhalten *nachahmt*, das einer bereits festgelegten Vorstellung gemäß spontan sein soll. Derlei Nachahmungen bedecken seit Jahren die Wände westlicher Kunstgalerien, und täuschen Spontaneität vor, indem sie Verhaltensformen kopieren, die *angeblich* für Tiere charakteristisch sind. (Tiere haben, nebenbei bemerkt, viel höhere Verhaltensformen als Menschen. Man denke nur an Delphine. Und Haifische schnellen schließlich nicht aus dem Wasser heraus, um uns zu fressen.)

Die Strömungsmuster des Wassers sind ein gutes Grundmodell für die Lebensführung; deshalb wählte auch Laotse wiederholt das Wasser als Symbol für das Tao — es „liebt und nährt alle Dinge, ohne sie zu beherrschen", „es fließt immer zur niedrigsten Ebene hinab, welche die Menschen verabscheuen". Lies einmal Theodor Schwenks hervorragendes Buch *Das sensible Chaos* (Stuttgart 1976); es zeigt auf, daß die Strömungsmuster von Gasen und Flüssigkeiten jeder Lebensform zugrunde liegen und daß Muscheln, Schalen und Knochen Skulpturen des Lebendigen sind, erstarrte Formen flüssiger Bewegungsmuster. Davon spricht auch Shakespeare: „Gezeiten bestimmen die Werke des Menschen, und macht er die Flut sich zunutze, winkt ihm das Glück." Wenn es um Melodik und Harmonie geht, ist der Fluß unser bester Lehrmeister.

Loco è laggiù da Belzebù remoto
tanto, quanto la tomba si distende,
che non per vista, ma per suono è noto
D'un ruscelletto che quivi discende
per la buca d'un sasso, ch'egli ha roso
col corso ch'egli avvolge, e poco pende.
Lo Duca ed io per quel cammino ascoso
entrammo a ritornar nel chiaro mondo.

Es läuft ein Raum von Beelzebub so weit
hinweg als wie das ganze Höllengrab:
Man sieht ihn nicht, man kennt ihn nur am Rauschen
von einem Bächlein, das hier niedergleitet
durch Felsen, von ihm selbst gehöhlt und sachte
gewundnen Ganges sich herunterschlängelnd.
Und diesen unsichtbaren Weg betrat
mein Führer jetzt mit mir zurück ins Helle.

Dante: *Inferno* 34, 127—134 (Deutsch von K. Vossler)

Säen und Ernten

Alle guten Vorsätze, alle Gedanken an Selbstverbesserung beruhen auf einem Trugschluß. Wie Dogen, ein Zen-Meister des 13. Jahrhunderts, gesagt hat: Frühling wird nicht Sommer und Feuerholz nicht Asche. Es ist Frühling, und dann ist Sommer; da ist Feuerholz, und dann ist Asche da. Ebenso wird aus einem lebendigen Geschöpf keine Leiche und aus einem unerleuchteten Menschen kein Buddha. Montag wird nicht Dienstag; 1 Uhr wird nicht 4 Uhr. Danach zu trachten, ein Buddha zu werden und Erleuchtung, Befreiung oder äußerste Selbstlosigkeit zu erlangen, ist demnach so, als wolle man Blut mit Blut abwaschen oder einen Spiegel schaffen, indem man einen Ziegelstein poliert. Tschuangtse sagt: „Du siehst ein Ei und erwartest schon, daß es kräht."

Die Selbstsucht eines selbstischen Menschen ist genaugenommen sein Versuch, glücklicher, weiser, mutiger, freundlicher, mit einem Wort, selbstlos zu werden. „Ist nicht die Elimination deines Selbst eine positive Manifestation des Selbst?" fragt Tschuangtse. Und weiter: „Wer Recht will ohne Unrecht oder eine gute Regierung ohne Mißregierung, der hat keinen Begriff von den großen Grundprinzipien des Alls noch vom Wesen aller Schöpfung. Genausogut könnte man sagen, der Himmel existiere ohne die Erde oder das negative Prinzip (*Yin*) bestehe ohne das positive (*Yang*), und das ist schlichtweg unmöglich. Trotzdem wird unentwegt darüber gesprochen." Diese Feststellung trifft auf alles zu, was zur Selbstverbesserung getan wird, ob mit Hilfe von Gurus, Meditationen, Yoga-Übungen, Selbstbejahung, Psychotherapie oder auch durch Voll-im-Jetzt-Leben. Aus derlei Bemühungen kann man nur lernen, wie widerspruchsvoll sie in sich sind. Es ist so, als würde man an den Fußgelenken ziehen, um beide Beine gleichzeitig vom Boden zu heben. Diese Einsicht hat immerhin einen gewissen Wert, denn dadurch wird unsere psychische und physische Energie von unerreichbaren Zielen abgezogen und für erreichbare freigesetzt: Wir *können* nämlich säen, ernten, Häuser bauen, Lieder singen, uns lieben und weiterleben, bis wir aufhören zu sein.

Will ich mit diesen Ausführungen etwa die Lage der Menschheit verbessern? Nein, mir liegt nur daran, daß wir uns in aller Freiheit dem Säen und Ernten widmen können. Es hat nichts mit Verbesserung oder Verschlechterung, Fortschritt oder Rückschritt zu tun; das sind Beurteilungen, und es heißt sehr treffend: „Richtet nicht, auf daß ihr nicht gerichtet werdet. Denn mit welcherlei Gericht ihr richtet, werdet ihr gerichtet werden; und mit welcherlei Maß ihr messet, wird euch gemessen werden." Und wenn du nun sagst: „Aber das ist ja auch schon ein Urteil", urteilst du selbst wieder. Ist es *besser*, nicht zu urteilen? Nein, es gibt einfach nur Leben und Sterben, Tag und Nacht, Kommen und Gehen, einen Zustand, in dem weder gut allein noch schlecht allein existiert.

> Der vollendete Weg ist ohne Mühe,
> Meidet er doch Aussuchen und Wahl.
> Nur wenn Mögen und Nichtmögen aufhören,
> Wird alles verständlich und klar . . .
> Nicht kümmern soll dich Recht und Unrecht.
> Der Widerspruch zwischen Recht und Unrecht,
> Das ist das Übel des Geistes.

Wahrlich, solange wir im Übel des Geistes verharren, gilt Krankheit als „schlecht", und der (sinnlose) Widerspruch bleibt bestehen. Aber selbst das heißt noch, das Urteil beurteilen und das Urteil über das Urteil beurteilen — ein Teufelskreis, Regression ohne Ende oder *Samsara*, wie die Buddhisten es nennen, eine Käfigsituation, in der man Leben ohne Tod haben will und Recht ohne Unrecht. Ein solcher Teufelskreis kann durch keinerlei Mittel, Methoden oder spirituelle Disziplinen unterbrochen werden. Das alles sind nur Verzögerungen. Die einzige Möglichkeit, ihn zu unterbrechen, ist aufzuhören — augenblicklich, jetzt — nicht in

Gedanken, sondern im Handeln. Dieses Aufhören *kann* geschehen, wie wir säen und ernten können — wenn auch die wirkliche Handlung nicht von „mir" (d.h. einem abstrakten Ich) herrührt. Die Trennung zwischen Handelndem und Handlung, Wissendem und Wissen ist eine Trennung in Worten, nicht in der Natur.

> Leiden allein existiert, niemand, der leidet;
> Die Tat ist da, doch keiner, der sie tut;
> Nirvana gibt es, doch keinen, der es sucht;
> Da liegt der Pfad, doch keiner wandelt ihn.

Die Sache ist die, daß jedes Vorhaben, die Welt oder sich selbst in Ordnung zu bringen, ein Luftschloß bleibt, denn solange wir in der Welt des Begrifflichen leben, können wir das Rechte nicht ohne den Gegensatz des Linken oder Unrechten erkennen. Das gilt sowohl politisch als auch psychologisch. Folgen wir rechten oder linken Ideologien, wird unsere Aufmerksamkeit von den wirklichen Problemen abgelenkt, wie uns Pläne zur Weltverbesserung vom Säen und Ernten abbringen. Mit solchen Zielvorstellungen vor Augen löschen wir im Namen der Freiheit ganze Völker aus, pferchen wir Kriminelle zu ihrer Rehabilitation in Gefängnissen zusammen und isolieren wir Verrückte in Anstalten, weil wir die verzweifelte Hoffnung hegen, das würde sie irgendwie gesund machen.

Die sogenannten Schwarzen haben nur deshalb etwas gegen die sogenannten Weißen (ich ziehe es vor, von farbig und farblos zu reden), weil die jüdisch-christlichen Weißen schwarz mit böse gleichsetzen und für eine widersinnige Welt zu Felde ziehn, in der das Rechte ohne das Linke besteht. Leider sind die farbigen Menschen mit dieser Religion infiziert worden und fordern (was nur zu verständlich ist) mehr als nur gleiche Rechte. Je mehr wir uns jedoch in etwaige Debatten über Recht und Unrecht dieser Forderungen einlassen, um so mehr werden wir uns gegenseitig zu unserm eigenen Besten vernichten und das Säen und Ernten versäumen.

Das „Übel des Geistes" besteht darin, das, was gesagt oder gedacht werden kann, mit dem zu verwechseln, was getan werden kann und tatsächlich geschieht. Von dieser Verwirrung loszukommen ist eine Sache der Bewußtwerdung, nicht des Denkens. Aber es wäre verfehlt, diese Bewußtwerdung zu erstreben und das Denken unterdrücken oder ganz einstellen zu wollen. Auch der Gedanke, es sei besser oder gar das erklärte Ziel, sich der Verwirrtheit zu entäußern, entspringt der Verwirrung und „stinkt nach Zen", wie es heißt. Die Begriffe Gesundheit und Krankheit, gut und böse, besser und schlechter haben genausoviel Sinn und Bezug zum Leben wie lang und kurz, hoch und niedrig zur Zimmermannskunst: Auch ein kurzes Stück Holz kann zehn Zentimeter lang sein. Selbst Krebs ist eine natürliche Wucherung oder ein Gewächs, und als Ramana Maharshi an Krebs dahinstarb, widersetzte er sich den Ärzten mit den Worten: „Es will nur wachsen. Laßt es doch!" Das mag ein extremes Beispiel für Selbstverleugnung (und nicht für Liebe und Kraft) sein — aber auch für den Willen, das Rechte auf dem Hintergrund des Schlechten zu sehen und so der eigenen Getrenntheit von allem, was geschieht, abzuschwören. Tillich nennt das: „den Mut zu sein".

Man könnte diese Einstellung als Schicksalsgläubigkeit bezeichnen, nur daß dabei niemand vom Schicksal ereilt wird: Die eigenen, subjektiven Reaktionen sind nahtlos mit dem verschmolzen, was vor sich geht — und deshalb ist man in der Welt kein Störenfried. Dem entspricht die taoistische Haltung des *Wu-wei*: das Tao geschehen zu lassen, dem Lauf der Natur zu folgen. *Wu-wei* ist aber keine Zielvorstellung oder Methode, der man folgen oder nicht folgen könnte: Es ist die Erkenntnis, daß du selbst nichts bist, was vom Tao getrennt wäre und mit ihm im Widerstreit liegen könnte oder nicht. Nimm deine eigenen Entschlüsse als Ereignisse hin, die einfach geschehen, wie sich Knospen öffnen.

Diese plötzliche Bewußtseinsveränderung entspricht einem Erlebnis bei der Betrachtung von ungegenständlicher Malerei: Sieht man ein abstraktes Gemälde wie eine Farbfotografie an — etwa von geädertem Marmor oder von Pflanzen unter dem Mikroskop, so erscheint das Bild sofort in seinem Wesen verändert, es wirkt auf einmal dreidimensional und völlig klar. Eine noch deutlichere Veränderung tritt ein, wenn subjektives Erleben als etwas hingenommen wird, das von selbst geschieht, wie der Wind, oder — und das läuft auf das gleiche hinaus — wenn objektives Geschehen als etwas hingenommen wird, was man selber tut, wie Atmen.

KUNST großgeschrieben

Kunst großzuschreiben ist ein völlig neues, westliches Phänomen. Es ist noch gar nicht lange her, vielleicht 500 Jahre, da gab es keine Museen, keine Galerien, keine Konzertsäle und auch keine besondere Menschenklasse namens Künstler. Was unsere Museen heute als „Kunst" fremder Kulturen und alter Zeiten ausstellen, sind religiöse, magische und häusliche Gegenstände, kunstvoll und liebevoll hergestellt. Dabei handelt es sich keineswegs nur um Luxusartikel für reiche Leute, auch die Töpfereiprodukte, Webereien, Waffen, Schmuckstücke und Ritualgegenstände der Bauern gehören dazu. Wenn überhaupt von einer Kunst jener Zeiten und Kulturen die Rede sein kann, dann nur in dem Sinne, daß Dinge des täglichen Lebens meisterhaft hergestellt wurden. Niemand hat damals etwas ausschließlich zu dem Zweck gemacht, ein Museum damit zu schmücken, in Galerien zu glänzen oder in Zeitungen lobend erwähnt zu werden. Mögen Gelehrte immerhin ein paar Ausnahmen von dieser Regel ausgraben, es bleibt doch dabei, daß bis zum Aufkommen der modernen Technik eine selbstbezogene Kunstausübung kaum existierte.

Viele junge Maler, Bildhauer und Musiker erkennen mittlerweile — manchmal deutlich, manchmal verschwommen —, wie absurd die „Kunst um der Kunst willen" ist. Wir haben seitdem nicht nur das absurde Theater, sondern auch den absurden Konzertsaal und die absurde Galerie. Alle mit einem Konzertbesuch verbundenen gesellschaftlichen Konventionen gerieten aus den Fugen, als John Cage einen vollkommen lautlosen Klaviervortrag gab, ganz zeremoniell mit Abendanzug, Steinway-Flügel, einer Partitur, die nur Pausen enthielt, und einem Assistenten, der die Seiten umblätterte. Dazu muß man wissen, daß Cage ein musikalisches Genie ist, ein mit empfindlichstem Gehör begnadeter Mensch, der mit diesem Trick die Leute dazu bringen wollte, auf die fortwährend um uns herumschwirrenden Klänge zu lauschen. Er wollte unsere Ohren von melodischen und harmonischen Voreingenommenheiten reinigen.

Inzwischen tun es ihm Maler und Bildhauer gleich, obschon das alles wohl mit Dada anfing. Mit Pop-art und Minimal-art entstand die Galerie des Absurden, die sogar über die größten Exzesse des abstrakten Expressionismus und des Action-painting hinausgeht, wie ich hoffe in der Absicht, die Augen zu öffnen, wie Cage die Ohren geöffnet hat. Cage lacht nämlich schallend über seine eigenen Projekte (und über sich selbst, also nicht etwa, weil er die Öffentlichkeit zum besten hat), und ich frage mich manchmal, ob die Minimal-art-Bildhauer das gleiche tun oder ob sie ihre Werke genauso „ernst" nehmen, wie man ein Konzert ernst nimmt, in dem Bernstein Beethovens Neunte dirigiert.

Unvoreingenommen Augen und Ohren zu öffnen, das gilt über die Bereiche Musik, Malerei, Bildhauerei und Theater hinaus auch für unsere Grundeinstellung zum Leben. Das Dasein ist ein äußerst komplexes System von ineinander verwobenen Schwingungen, aber von Kindheit an werden uns Vorurteile darüber eingetrichtert, welche Schwingungen zulässig und annehmbar sind und welche nicht. Für uns sind Schmerzen und die Aussicht auf den Tod immer noch genauso unerträglich, wie es etwa 1930 der Surrealismus oder 1910 der Kubismus waren. Man möchte fast meinen, daß Künste, die mit allen herkömmlichen Regeln brechen und sich das auch mehr und mehr erlauben können, uns darauf vorbereiten sollen, willig den Untergang unserer Spezies zu akzeptieren. Wir lernen langsam, ihre Angriffe auf unser Zartgefühl zu genießen, und werden so in den richtigen Gemütszustand versetzt, die Vernichtung durch H-Bomben als einen Spaß zu betrachten.

Aber ich will nicht frivol werden. Es ist eine altbekannte Tatsache, daß die Fähigkeit, den Tod mitten im Leben zu akzeptieren — das heißt, mit einer normalerweise als unerträglich begriffenen Schwingung mitzuschwingen —, eine Quelle ungeheurer schöpferischer Energien ist. „Wenn das Weizenkorn nicht in die Erde fällt und erstirbt, so bleibt's allein; wenn es aber erstirbt, so bringt es viel Frucht." Oder wie Goethe sagt:

> Und so lang du das nicht hast,
> Dieses: stirb und werde,
> Bist du nur ein trüber Gast
> Auf der dunklen Erde.

Und der Zen-Meister Bunan dazu:

> Im Leben sei wie ein Gestorbener, vollkommen tot.
> Dann wird, was immer du auch tust, wie du nur willst, das Rechte sein.

Nach meiner persönlichen Auffassung sind alle Formen avantgardistischer Kunst des 20. Jahrhunderts in einem eigenen, speziellen Sinn Übergangsformen. Natürlich ist die ganze Kunst ein Übergang, wie das Leben selbst. Aber die Augen- und Ohrenwäsche, die wir jetzt überall in Konzertsälen, Galerien und Museen erleben, bereitet die Rückkehr zur Einheit von Kunst und alltäglichem Leben vor. Gemälde entschwinden in die Wände: doch werden sie wunderbare Wände sein. Die Wände wiederum werden in die Landschaft hinschwinden: doch wird die Aussicht hinreißend sein. Und danach wird der Betrachter in der Aussicht aufgehen.

Eine vom täglichen Leben unzertrennliche Kunst wird jedoch keine rein funktionelle Gebrauchskunst sein. Infolge von Elektronik und Automation bewegen wir uns — sehr zum Mißfallen unseres puritanischen Gewissens — auf ein Zeitalter zu, in dem es kaum noch einen Unterschied zwischen Spiel und Arbeit gibt. Die Menschheit wird sich mit der schockierenden Erkenntnis abfinden müssen, daß masochistisches Arbeiten überholt ist, denn die Sklaven sind nicht mehr länger Menschen, sondern Maschinen, die von lebenslustigen, begeisterten Ingenieuren überwacht und betreut werden. Damit hört die Kunst auf, ein Sprachrohr für die Elenden und Unterdrückten zu sein. Statt dessen wird sie alle Möglichkeiten der Elektronik und Technik ausschöpfen, um eine überreiche Pracht zu entfalten, wie sie seit der Zeit der persischen Miniaturen und Arabesken, der bunten Bleiverglasungen des Mittelalters, der illuminierten Handschriften der Kelten, der Emaillen von Limoges und des Geschmeides von Cellini nicht mehr dagewesen ist.

Das Rad erweitert den Aktionsraum der Füße. Pinsel, Meißel, Hammer und Säge erweitern den Aktionsraum der Hände. Und elektronische Schaltkreise stellen als Verlängerungen des Nervensystems eine Erweiterung des Gehirns dar. Sie werden Wunder der Kunst vollbringen, spielerische Energiemuster, die es vordem noch nie gegeben hat.

Der Buddhismus von Aldous Huxley

Aldous Huxleys letztes bedeutendes Werk, der utopische Roman *Eiland*, ist Ausdruck einer reifen Lebensphilosophie und sollte eher wie ein philosophischer Essay gelesen werden, nicht wie ein Roman. In den Jahren zwischen seiner Arbeit an *Ziele und Wege* (1937) und *Eiland* (1962) habe ich Huxleys Entwicklung mit größtem Interesse verfolgt. Zu Beginn seiner „mystischen Phase" (um 1937) neigte er zu einer Form von Spiritualität, aus der heraus er die materielle Existenz als Fall in die rohe Knechtschaft des Fleisches ansah, während er Differenzierung und Individualität als eine Art kosmischen Irrtum betrachtete — der durch asketischen Yoga korrigiert werden müsse, damit der ursprüngliche Zustand eines gleichartigen, einheitlichen Bewußtseins wiederhergestellt würde. Nach dieser Geisteshaltung ist das höchste Ziel des Lebens, ähnlich wie im Hinayana-Buddhismus und bei einigen Formen des Vedanta, das *Nirvana*, in dem jedwede Mannigfaltigkeit ausgelöscht ist.

In *Eiland* rückte Huxley jedoch mit einem reichen „spirituellen Materialismus" heraus, dem nichts so nahekommt wie die generelle Auffassung des Mahayana-Buddhismus — in dem er sich natürlich gut auskannte. Der Mahayana (der „Große Weg" oder das „Große Fahrzeug"), der zwischen 100 v.Chr. und 400 n.Chr. in Indien entstand, ist die Form des Buddhismus, die sich nach China, Tibet, Korea, Japan und in die Mongolei ausbreitete und von ihren Anhängern dem in Südostasien vorherrschenden Hinayana (dem „Unvollständigen Weg") entgegengesetzt wurde. Hauptunterscheidungsmerkmal des Mahayana ist die Anschauung, daß *Nirvana* und physische Welt (*Samsara*) ein und dieselbe Wirklichkeit sind, deren Verschiedenheit nur auf dem jeweiligen Blickpunkt oder Bewußtseinszustand beruht. Dadurch konnte der Mahayana-Buddhismus einen positiven Bezug zur Kultur entwickeln, er wurde zu einem Lebensstil für Laien beiderlei Geschlechts ebenso wie für Mönche.

Mein Eindruck mag ganz persönlicher Natur sein, aber mir ist aufgefallen (insbesondere in Japan), daß der Mahayana-Buddhismus unter allen Religionen und Philosophien eine sehr humane, freimütige, phantasievolle, geistig und kulturell hochentwickelte Auffassung vertritt — auch ohne die Segnungen der westlichen Technik. Bei meinem letzten Besuch sprach Dr. Suzuki eindringlich von der Erdhaftigkeit des Buddhismus und behauptete sogar, man könne dessen Wesen im Räucherduft von Aloeholz (*Jinko*) riechen, in dem sich alle glücklichen Erinnerungen an den Duft von Holz und Bäumen niederschlagen und verdichten.

Im Mahayana-Buddhismus ist die höchste Form des Menschen nicht der asketische *Arhan*, der nahezu immer in Kontemplation verharrt, sondern der *Bodhisattva*, für den das tägliche Leben und Treiben vollkommen mit dem Seinszustand des *Nirvana* in Einklang steht, der aus Erbarmen mit anderen Wesen in dieser Welt lebt und daran wirkt, seine Einsicht mit ihnen zu teilen. Es ist bezeichnend, daß diese Philosophie bei einem so hochgebildeten Westler wie Huxley Anklang findet, der sich nicht nur eingehend mit Kunst und Literatur beschäftigt, sondern darüber hinaus auch mit den soziologischen, pädagogischen und ökonomischen Problemen der modernen Welt.

Damit will ich keineswegs andeuten, Huxley habe sich zu einer Form des Buddhismus bekehrt; die Mahayana-Buddhisten haben auch nie viel für sektiererische Propaganda und Schäfchensammeln übrig gehabt, denn ihre Religionsausübung war von jeher mehr an Fragen der Psychologie und Philosophie orientiert als an militanten Bekenntnissen. Der Mahayana ist weniger eine Ideologie als vielmehr eine Summe von Methoden, mit deren Hilfe wir unsere Lebensweise und Einstellung korrigieren können. Seinem Wesen nach ist er keine Theorie, sondern die Vergegenwärtigung — beinahe schon Empfindung — der Relativität, das heißt der wechselseitigen Abhängigkeit aller Dinge und Geschehnisse.

Unser Bewußtsein ist normalerweise auf die scheinbare Individualität der Dinge, uns selbst eingeschlossen, fixiert: Die Welt wird sozusagen durch eine Brille gesehen, die die Tatsache verschleiert, daß alle Erscheinungen untrennbar *miteinander zusammenhängen* — so wie Vorder- und Rückseite oder die Pole eines Magneten. Darum erkennen wir für gewöhnlich nicht, daß Sein und Nichtsein, Leben und Tod, Selbst und anderes, Masse und Raum, Impuls und Intervall sich erst im Zusammenspiel begründen. Und darum peinigt uns auch die Angst, der Tod könne das Leben bezwingen, das Nichtsein könne das Sein verschlingen oder der Standpunkt, den wir „Selbst" nennen, könne verschwinden, und zurück bleibe bloß eine Welt von Gegenübern oder „anderen".

Die Anschauung, die Welt sei eine reine Ansammlung einzelner Dinge und aufeinanderfolgender verschiedener Ereignisse, gibt dem Individuum das Gefühl, daß es nichts weiter als ein flüchtiger *Teil* der Wirklichkeit ist — *ein* Ding unter vielen. Nach dem Mahayana gibt es keine Dinge, die jedes für sich eine gesonderte Existenz hätten. Die sogenannten Dinge sind Gebärden des Universums, also eines Energiesystems, das unser wahres „Selbst" ist, das wir aber weder zu definieren noch einzuordnen vermögen — wie es ja auch nicht möglich oder nötig ist, in unsere eigenen Augen zu blicken. Und doch kann man sich dessen bewußt werden, daß dieses undefinierbare Energiesystem in seiner Gesamtheit die Summe dessen darstellt, wer und was jedes Individuum eigentlich ist.

Eine solche Bewußtheit eröffnet uns die Möglichkeit, an allem teilzunehmen, was das Leben spielt — an den Mustern und Gebärden des Universums —, ohne Angst, aber voller Mitgefühl, in der Erkenntnis, daß jedes andere Selbst unter der Oberfläche dasselbe wie unser eigenes ist. Dieses Mitgefühl — ein „Mitfühlen und Mitleiden" — ist kein bloßes Bedauern im Sinne von „geteiltes Leid ist halbes Leid". Es entspringt vielmehr der Einsicht, daß die Existenz im Grunde Ekstase ist, daß Energie ewige Freude ist und daß, so unglaublich es auch scheinen mag, jede Seinsform ihren Platz irgendwo auf dem breiten Spektrum der Ekstase hat, die im Mahayana als *Sambhogakaya* bezeichnet wird, als „Körper vollkommener Glückseligkeit".

Viele Leute meinen, Angst sei die Triebfeder allen schöpferischen Lebens. „Wenn ich gut sein soll, muß mich jemand anpeitschen." Aber die Schöpfung ist mehr als eine Flucht vor Angst und Strafe. Wer hat schon etwas für einen Chirurgen übrig, der das Messer mit zitternder Hand führt? Das Problem heute ist, daß wir das scharfe Instrument „Technik" in zitternden Händen halten, und Huxley sah voller Sorge, daß sich eine solche Macht in den Händen von ängstlichen, entfremdeten Menschen, die der Natur im Grunde feindlich gegenüberstehen, nicht konstruktiv auswirken kann. Die Mahayana-Buddhisten hatten nie eine derartige Technik; aber sie hatten die Kunst, und darin brachten sie es im Zusammenwirken von Mensch und Natur — ja im Wirkenlassen der Natur selbst — zu hoher Vollkommenheit (siehe China und Japan). Wie wäre es, wenn die westliche Technik durch diese Erkenntnis — daß Wissenschaft sich als Wirken der Natur äußern kann und daß der Mensch mit seiner Umwelt einen einzigen Körper bildet — von einem neuen Geist durchdrungen würde?

D. T. Suzuki: Der „kopflose" Gelehrte

Ich habe nie einen echten Lehrer (*Guru* oder *Roshi*) für mein Geistesleben gehabt — nur ein Vorbild, dessen Beispiel ich nicht ernstlich gefolgt bin, weil kein zartfühlender Mensch sich gerne nachäffen läßt. Dieses Vorbild war Suzuki Daisetsu, der zugleich feinsinnigste und einfachste Mensch, den ich je gekannt habe. Seine geistig-seelische Stimmungslage und Ausstrahlung war mir rundum sympathisch, obgleich ich ihn nie wirklich näher kennengelernt habe und selbst auch völlig anders geartet bin. Suzuki war es, der mich mit dem Zen bekanntmachte, als ich in jüngeren Jahren seine *Essays über Zen-Buddhismus* las, und in den nachfolgenden Jahren habe ich alle seine Werke mit Freude und Begeisterung gelesen. Denn was er sagte, war stets unerwartet und offen. Er bewegte sich nicht in eingefahrenen philosophischen und religiösen Geleisen. Vielmehr wandte er sich hierhin und dorthin, schweifte ab, machte Andeutungen, ließ einen völlig in der Luft hängen, setzte einen mit seinem unglaublich umfassenden Wissen in Erstaunen und war doch wieder hinreißend in seiner Gelehrsamkeit, die er mit Leichtigkeit und Bescheidenheit handhabte. Ich jedenfalls fand in dem gewinnend chaotischen Labyrinth seiner Werke den Weg zu einem „Garten der versöhnten Gegensätze".

Er machte deutlich, warum Zen so unendlich schwierig und doch so vollkommen einfach ist, warum es zugleich unergründlich und offensichtlich ist, warum das Unendliche und Ewige identisch mit deiner Nase hier und jetzt ist, warum Moral sowohl wesentlich als auch belanglos für das spirituelle Leben ist und warum *Jiriki* (der Weg der persönlichen Leistung) schließlich doch in denselben Punkt einmündet wie *Tariki* (der Weg der Befreiung durch reinen Glauben). Die Kunst, Suzuki zu folgen, bestand darin, sich nie einzubilden, man hätte ihn endlich begriffen und fühle festen Boden unter den Füßen, denn meist stellte sich schon im nächsten Augenblick heraus, daß man gänzlich daneben lag.

Suzuki hielt generell nichts von eingefahrenen Bahnen, er entsprach auch nicht der Klischeevorstellung von der typischen „Zen-Persönlichkeit", wie sie unter japanischen Mönchen anzutreffen ist. Wer ihm zum ersten Mal begegnet wäre und erwartet hätte, einen alten Herrn mit blitzenden Augen in einem kahlen, *Shibui*-artigen Raum sitzend vorzufinden, darauf gerüstet, kraftvoll und schnell treffende Antworten zu geben, hätte sich sehr gewundert. Denn Suzuki mit seinen wunderbaren Augenbrauen war mehr wie ein chinesischer Tao-Gelehrter — eine Art belesener Laotse — und wie alle echten Taoisten mit etwas begabt, was man nur als metaphysischen Humor bezeichnen kann. Oftmals zwinkerten seine Augen belustigt, als hätte er den Großen Spaß durchschaut, unterließe es jedoch aus Mitleid mit denen, die noch nichts gemerkt hatten, laut herauszulachen.

Im westlich eingerichteten Teil seines Hauses in Kamakura hatte er sich völlig mit Bücher- und Papierstößen umgeben. Diese gelehrte Unordnung erstreckte sich über mehrere Zimmer; in jedem Raum schrieb er ein anderes Buch oder einzelne Kapitel eines Buches. So konnte er von Raum zu Raum gehen, ohne all sein Quellenmaterial wegräumen zu müssen, und nach Lust und Laune an dem einen oder anderen Projekt arbeiten. Nur seine bewundernswerte Sekretärin Fräulein Okamura (in Wirklichkeit eine *Apsara* aus dem „Westlichen Paradies", die sich in seinen alten Tagen um ihn kümmerte) wußte anscheinend immer, wo alles war.

Suzuki sprach langsam, wohlüberlegt und liebenswürdig in ausgezeichnetem Englisch mit einem für unsere Ohren sehr angenehmen japanischen Akzent. Im Gespräch half er sich meist mit Stift und Papier, um seine Gedanken graphisch zu veranschaulichen und Fachausdrücke durch chinesische Schriftzeichen zu belegen. Obwohl ein Mensch mit erstaunlicher Geduld, besaß er die Gabe, hohles Geschwätz oder akademische Pedanterie rasch abzufangen, ohne beleidigend zu sein. Ich erinnere mich an einen Vortrag, in dem ihn ein Zuhörer fragte: „Dr. Suzuki, wenn Sie das Wort ‚Realität' verwenden, beziehen Sie sich dann auf die relative Wirklichkeit der physischen Welt oder auf die absolute Wirklichkeit der transzendentalen Welt?" Suzuki schloß seine Augen und begab sich in jene typische Haltung, die manche seiner Schüler „Suzuki machen" nennen, wobei offenblieb, ob er in tiefer Meditation oder in Schlaf versank. Nach minutenlangem Schweigen, das viel länger anzudauern schien, öffnete er die Augen und sagte: „Ja."

Bei einem Kursus über die Grundprinzipien des Buddhismus: „Heute morgen kommen wir zur Vierten Erhabenen Wahrheit . . . dem Erhabenen Achtfachen Pfad. Der erste Schritt auf dem Erhabenen Achtfachen Pfad wird *Sho ken* genannt. *Sho ken* heißt Rechte Ansicht, weil man bei Rechter Ansicht keine bestimmte Ansicht, keine festgelegte Ansicht hat. Der zweite Schritt auf dem Erhabenen Achtfachen Pfad . . ." (Hier entstand eine lange Pause.) „Oh, ich erinnere mich nicht an den zweiten Schritt. Lesen Sie das im Buch nach." Im gleichen Stil war, wie ich mich erinnere, seine Ansprache auf dem Weltkongreß der Religionen 1963 in der alten Londoner Queen's Hall. Das Thema lautete: „Das höchste geistige Ideal". Nachdem etliche Redner ordentlich Dampf abgelassen hatten, kam Suzuki an die Reihe, das Podium zu übernehmen. „Als ich gebeten wurde, über das ‚höchste geistige Ideal' zu reden, wußte ich erst nicht genau, was ich dazu sagen sollte. Erstens bin ich nur ein einfältiger Landmensch aus einer fernen Weltgegend, der sich plötzlich mitten in diese hektische Stadt London geworfen sieht, und das verwirrt mich, und mein Verstand will nicht genauso arbeiten wie in meinem eigenen Land. Zweitens: Wie kann ein einfacher Mensch wie ich über so etwas Erhabenes wie das ‚höchste geistige Ideal' reden? . . . Ich weiß wirklich nicht, was ‚geistig' ist, was ‚Ideal' ist und was ‚höchstes geistiges Ideal' ist." Woraufhin er sich für den Rest seiner Rede über sein Haus und seinen Garten in Japan ausließ und Vergleiche mit dem Leben in der Großstadt anstellte. Und das von einem Übersetzer des *Lankavatara-Sutra*! Das Publikum spendete ihm anhaltenden Beifall.

Da er sich sehr wohl der Relativität und Unzulänglichkeit aller Meinungen bewußt war, ließ er sich nie auf Dispute ein. Als ein Schüler einmal versuchte, ihn zu einer Diskussion über bestimmte Ansichten zu provozieren, in denen der berühmte buddhistische Gelehrte Junjiro Takakusu von ihm abwich, war sein einziger Kommentar: „Diese Welt ist sehr groß; genügend Platz für Professor Takakusu und mich." Vielleicht gab es einmal eine Art Disput — als ihm der chinesische Gelehrte Hu Shih mangelnden Geschichtssinn und Obskurantismus vorwarf (weil er behauptete, Zen sei nicht mit rationalen Begriffen zu erklären). In einer sehr höflichen Erwiderung sagte Suzuki: „Der Zen-Meister verachtet, einmal grob ausgedrückt, jene, die mit Worten und Gedanken hausieren gehen, und in dieser Hinsicht sind Hu Shih und ich große Sünder, Mörder von Buddhas und Patriarchen; wir werden beide zur Hölle fahren."

Ich habe keinen andern großen Gelehrten und Intellektuellen gekannt, der so frei von aller Eitelkeit gewesen wäre. Als ich Suzuki zum ersten Mal begegnete, war ich vollkommen überrascht, daß er *mich* (ich war zwanzig) fragte, wie man einen bestimmten Artikel abfassen könnte, und daß er, als ich unverfroren genug war, ihm einen Rat zu erteilen, diesen auch befolgte. An ihm war einfach keine Spur von akademischer Aufgeblasenheit und Anmaßung zu finden. Deshalb regen sich gewisse amerikanische Sinologen, die sich auf die Kunst verstehen, sich gegenseitig mit bissigen Fußnoten fertigzumachen, leicht darüber auf, daß er seine Quellenangaben und Literaturverweise gelegentlich etwas großzügig handhabt, und nennen ihn abweisend einen „Populärwissenschaftler". Sie merken nicht, daß Gelehrsamkeit ihm ein Herzensanliegen war und er sich nicht etwa damit aufspielte, „ein Gelehrter zu sein". Er hatte kein Interesse daran, Bibliographien als Aufhänger zu benutzen, um seine Persönlichkeit herauszustreichen.

Der wahre Geist Suzukis war wohl aus seinen Schriften allein gar nicht faßbar: Man mußte ihn persönlich kennen. Viele seiner Leser beanstanden, sein Werk sei zu wenig Zen-gemäß — weitschweifig, sprunghaft, verschwommen und mit unwichtigen Details durchsetzt. Ein Zen-Mönch hat mir einmal erklärt, die Geisteshaltung des *Mushin* (die Zen-ü bung des Nicht-Selbst-Bewußtseins) sei einem japanischen Zimmermann vergleichbar, der ohne Plan ein Haus bauen könne. Ich fragte: „Und was ist mit dem, der einen Plan zeichnet, ohne einen Entwurf dafür zu machen?" Ich glaube, von dieser Art war Suzukis Gelehrsamkeit: Er überdachte, ergründete und vertiefte sich in Manuskripte und Wörterbücher, wie ein Zen-Mönch im Geist des *Mushin* Fußböden fegen mag. Mit seinen eigenen Worten: „Der Mensch ist ein denkendes Wesen, aber seine großen Werke entstehen, wenn er nicht berechnet und denkt; es braucht lange Jahre der Übung in der Kunst der Selbstvergessenheit, damit die ‚Kindlichkeit' wieder zurückkehrt. Wenn das erreicht ist, denkt der Mensch und denkt doch nicht. Sein Denken ist wie Regen, der vom Himmel fällt; sein Denken ist wie Wellenbewegungen im Meer; sein Denken ist wie Sternenlicht am nächtlichen Himmel; sein Denken ist wie grünes Laub, das im lauen Frühligswind sprießt. Tatsächlich ist er der Regen, das Meer, die Sterne und das Laub."